Le réveil de la pensée européenne

La collection *Monde en cours*
est dirigée par Jean Viard

www.editionsdelaube.com

ISBN 978-2-8159-4451-9

Patrick d'Humières

Le réveil de la pensée européenne

éditions de l'aube

Du même auteur

Les Pionniers de l'entreprise responsable, avec Alain Chauveau, Eyrolles, 2001

Le développement durable va-t-il tuer le capitalisme ?, Maxima, 2010

La Nature politique de l'entrepreneur, Michel de Meaule, 2017

Le Courage de l'Europe, Michel de Meaule, 2019

À Marielle de Sarnez

« Une nation est une âme, un principe spirituel. »
Ernest Renan

« La lutte contre la pensée toute faite est un désir de justesse, animé d'un désir de justice. »
Emmanuel Mounier

Histoires vraies…

Ce jour-là, Peugeot se vit interdire sur-le-champ toute activité industrielle en Iran avec son partenaire historique de production d'automobiles. C'était à prendre ou à laisser, en quelques heures, sinon les sanctions tomberaient sous forme d'amendes colossales et d'interdictions d'utiliser le dollar dans les transactions du groupe. Autant dire, un couteau sous la gorge. La raison de cet ukase adressé à toutes les firmes occidentales ? Instrumentaliser les firmes occidentales dont les autorités militaires et diplomatiques américaines voulaient interdire toute activité en Iran, en vue de rendre la vie des Iraniens un peu plus difficile chaque jour et, qui sait, chasser leurs dirigeants, soupçonnés de préparer une bombe nucléaire utilisable contre Israël. Jusqu'ici, le business était réputé sans odeur et sans cœur, mais, en réalité, il n'a jamais cessé d'être utilisé au service de la loi du plus fort.

On sait que de nombreuses firmes européennes se sont couchées devant l'ordre de Trump sans demander leur compte, ne croyant ni à une négociation possible avec l'Oncle Sam, ni à une capacité de réaction de l'Union européenne pour protéger ses intérêts, alors même qu'elle était à la table de la négociation internationale qui avait scellé l'accord de contrôle de Téhéran. Y a-t-il eu situation plus humiliante depuis la reddition des Franco-Britanniques à Suez à la sortie de la guerre ? Y a-t-il eu un plus grand aveu d'impuissance géopolitique, mais aussi monétaire, diplomatique, depuis que l'Union s'est décidée à passer de la coopération industrielle à la démarche politique ?

Dans la série des « lâches soulagements » imposés à nos vieux pays, privés d'orgueil par les vicissitudes de leurs guerres civiles séculaires, une histoire plus récente et plus importante encore s'est produite dans les premiers mois de la pandémie du Covid-19. Alors même que tous les États et la communauté scientifique prenaient conscience que seul un vaccin nous permettrait d'en sortir, le premier groupe mondial de médicament balayait d'un revers de main, nourrie par son pays, toute velléité de réaction internationale concertée. Instruits par l'échec du procès de Pretoria, qui avait forcé les grands groupes pharmaceutiques occidentaux à livrer des antirétroviraux à l'Afrique du Sud avec ses conditions, il y a un peu plus de vingt ans, en pleine épidémie du VIH, et n'ayant jamais digéré la clause de licences obligatoires introduite dans les accords de Marrakech les privant des droits de propriété en cas d'urgence médicale, Pfizer, J&J et d'autres tenaient leur revanche contre une Organisation mondiale de la santé (OMS) qui s'était disqualifiée en Chine ; mais, surtout, ils coupaient l'herbe sous le pied des prétentions naïves européennes à organiser une réponse mondiale au-dessus d'eux. La capacité d'investissement américaine fera le reste, avec sa maîtrise technologique considérable, devenue la seconde victoire de Washington après la Libération. En fait, tout était joué d'avance à travers les décisions de l'oligopole pharmaceutique dominé par l'association professionnelle américaine, Pharma, qui avait réorganisé dans la décennie précédente le modèle du secteur, afin de pouvoir continuer à caracoler dans le haut des indices boursiers: abandon et sous-traitance en Asie de la production des médicaments, en Inde et en Chine essentiellement, fin de la recherche intégrée, trop lourde, trop coûteuse, rachat par les plus argentés des pépites de la biotech dépassant les succès en phase II[1] et combat contre les assureurs sociaux pour garder une capacité à former les prix, dans le cadre d'une division du travail la plus efficiente possible. Ce modèle rationalisé tirait un trait définitif sur les démarches de souveraineté médicale des pays, substituait le pouvoir de l'agence américaine à la vigilance des autres régulateurs nationaux et reprenait la main sur les acteurs non étatiques, de Médecins sans frontières (MSF) à la Fondation Gates, qui avaient eu la fâcheuse tendance à vouloir redessiner le paysage de la santé publique mondiale, ces dernières années.

L'urgence de la situation pandémique, la pression des opinions et la force d'intervention des acteurs américains ont vite eu raison des bonnes intentions universalistes des négociateurs européens, peu aidés par des firmes pharmaceutiques trop heureuses de diviser pour régner et de retrouver un rapport de force qui a toujours fait partie de leur culture où le réalisme côtoie le cynisme. On est loin des réflexions sur le bien commun de la santé, la responsabilité des acteurs privés et la transparence des contrats. Si « le marché a fait une partie du job », on va découvrir prochainement que le

1. Au cours d'un essai clinique de phase II, un médicament, dont il a été montré au préalable qu'il était bien toléré (au cours d'un essai de phase I) est administré à un groupe de malades dans le but de déterminer l'efficacité thérapeutique, les doses optimales et la sécurité du traitement. (Source: https://www.afm-telethon.fr/glossaire/phase-ii-2833.)

poker menteur et le bras de fer, pratiqués par les pays les plus joueurs et les producteurs les plus ambitieux, auront détruit pour plusieurs années la chance de bâtir un cadre collectif planétaire de gestion de la santé humaine répondant de façon juste et *fair* aux intérêts de tous… Cet épisode laisse un sentiment cruel et amer à tous les acteurs publics de la santé et connaîtra un deuxième round, à n'en pas douter ; il induit plusieurs leçons pour le présent et l'avenir qui sont au cœur de la réflexion géopolitique sur un réveil de la pensée européenne, plus que jamais nécessaire.

En premier lieu, faute d'être assez organisée et volontariste, l'Europe a vite été débordée par les initiatives concurrentes autoritaires et les marchandages à grande échelle. Ensuite, les règles de marché amorales ont encore la vie dure et reviennent au galop chaque fois que la régulation collective n'est pas en état de les affronter. Ainsi, il ne faut pas compter sur les solidarités historiques ou affichées dès lors que les intérêts vitaux des pays sont en cause, si on n'a pas pris avant la mesure des enjeux. Mais, enfin, il existe bel et bien une conscience européenne autour de nos valeurs et ce n'est pas parce qu'elle tarde à s'affirmer qu'elle ne constitue pas la réponse juste et d'intérêt commun qui finira par s'imposer.

Et si on s'appliquait à nous-mêmes, enfin, cette réflexion profonde de Richard Hofstadter (auteur de *The American Political Tradition*[1]), exhumée par Pierre Nora dans *Jeunesse* : « Cela a été notre destin historique, en tant que nation, de n'avoir pas d'idéologie, mais d'en être une[2]. »

1. Richard Hofstadter, *The American Political Tradition*, New York, Alfred A. Knopf, 1948.
2. Pierre Nora, *Jeunesse*, Paris, Gallimard, 2021.

Persuadons-nous que le temps de l'idéologie européenne viendra d'autant plus vite que nous ne supporterons plus de ne pas penser et de ne pas pouvoir agir par nous-mêmes! À cet effet, une vision idéale de l'entreprise pourrait nourrir un nouvel âge de l'idéologie européenne universelle, la perspective historique qui porte le plus d'espérance dans ce siècle qui s'emballe.

Introduction
La page de l'après-guerre est définitivement tournée. Sauf dans nos têtes ! L'Europe doit désormais livrer le combat pour son propre modèle économique, celui de rendre ce siècle « durable »

> « Les Européens devront se rendre compte qu'ils ont toujours affaire à la même Amérique d'avant Trump qui veut maintenir son hégémonie et, face à la Chine, les utiliser comme supplétifs [...]. Il faut donc réfléchir dès maintenant à ce que doit faire la France, ce que doit faire l'Europe, à partir de leur propre agenda. »
>
> HUBERT VÉDRINE[1]

Le soldat Ryan est-il mort pour rien ?

Que reste-t-il du projet qui a fait repasser l'Atlantique à des milliers d'Américains, pour faire revivre en Europe une idée messianique de la démocratie qui s'imposait par-dessus

1. Cité dans Antoine Malo, « Hubert Védrine, ancien ministre des Affaires étrangères : "Biden pourrait être un populiste modéré" », *Le Journal du dimanche*, 8 novembre 2020.

tout en 1944 ? Du *D-Day* à l'invasion de l'Irak, la planète n'a plus cessé de se battre pour se décoloniser, se démocratiser, défendre ses frontières et ses identités. L'histoire de l'après-Libération s'est mue dans un projet de production de richesses matérielles qui est devenu l'obsession d'un Occident libéral : on aurait pu choisir entre l'amour de l'argent et le goût de la canonnière et on a eu les deux pendant des décennies. Jusqu'à ce que le pétrole qui nous a nourris commence à poser plus de problèmes qu'à en résoudre. On a raconté cette période comme une exaltation de la liberté humaine, ce qu'elle fut à l'Ouest incontestablement, mais ce fut d'abord le triomphe de l'idéologie du vainqueur, auquel personne ne demanda des comptes sur le retour qu'il en tirait et comment il agitait les fils.

La Libération a consacré le temps de l'Amérique pour plus d'un demi-siècle, mais ce temps présente un bilan qu'on ne peut limiter à un cycle inégalé d'accroissement de richesses pour une partie des humains. La lecture qu'on en fait aujourd'hui est plus proche de ce « naufrage des civilisations » que décrit si bien Amin Maalouf[1], à partir de son expérience moyen-orientale désespérée. L'Amérique aurait dû veiller à une pratique exemplaire de la charte de San Francisco, pour la paix et la coopération entre les nations ; force est de constater qu'elle a plutôt fait le contraire au gré de ses pulsions militaires, octroyant au continent européen les conditions de sa reconstruction, jusqu'à ce qu'il se pose très récemment la question « pour quoi faire ? » et qu'il se demande enfin s'il pouvait retrouver un destin qui fasse oublier sa tentative de suicide passée.

---

1. Amin Maalouf, *Le Naufrage des civilisations*, Paris, Grasset, 2019.

Un demi-siècle plus tard, le soldat Ryan pourrait se sentir trahi par un tel échec des valeurs du débarquement ! C'est sa grande industrie qui l'a fait gagner et qui en tirera le plus grand bénéfice, pas l'idée démocratique, du moins celle qu'on tentera d'imposer après, de coups d'État en indépendances téléguidées. Mais les croix blanches de Normandie restent là pour nous rappeler perpétuellement que les trahisons de la démocratie peuvent conduire à l'enfer. Elles rappellent aussi aux vivants qu'ils ont un devoir à l'égard des morts, celui de se remémorer les lignes sacrées à ne pas franchir, hors desquelles tout est à recommencer pour que l'aventure humaine ait un sens transmissible. C'est pourquoi l'Europe n'arrive pas à se satisfaire du PIB comme projet collectif ; elle doit réinterroger sa culture pour répondre à de nouveaux défis qui lui tombent dessus, que les générations d'après-guerre n'ont pas vu venir, trop occupées à vouloir oublier les haines et les égoïsmes coupables pour sortir de la misère insupportable ; à travers la griserie de la vitesse sur les autoroutes et l'entassement grégaire sur les plages, on a cru reconquérir une dignité par la consommation aveugle, faisant semblant de croire que la réussite matérielle était la finalité de tout, pour tous. Mais comment en vouloir à ceux que les privations de la guerre avaient poussés à se battre ou à se réfugier dans le nouveau temple de la société industrielle, assimilé par Raymond Aron à celui de la liberté, bien avant que Francis Fukuyama ne veuille en tirer une leçon définitive quant à « la fin de l'Histoire[1] » ? Il est injuste d'en vouloir à cette génération qui nous a légué à travers la reconstruction le déni du retour possible de la tragédie.

1. Francis Fukuyama, *La Fin de l'histoire et le dernier homme*, Paris, Flammarion, 1992.

On s'est laissé embarquer dans le mythe du rêve américain

C'est bien cela dont il s'agit aujourd'hui : à se complaire trop longtemps dans le confort mythique des vainqueurs, on n'a pas voulu voir de ce côté de l'Atlantique les manœuvres démoniaques se profiler derrière la protection de l'Oncle Sam, nous faisant croire que Disney pouvait réinventer Hugo et que la Silicon Valley et Berkeley pensaient pour nous, à condition de payer, bien entendu ! On a regardé d'un seul œil le rêve américain et pris la main tendue qui nous a envoûtés. On a été les bons serviteurs d'un rêve matériel sans but et sans éthique, s'autojustifiant après des décennies de pauvreté et de sacrifices des générations précédentes. Au point de ne pas voir la captation d'héritage et surtout d'abîmer nos paysages, nos solidarités et nos biens, sans nous rendre compte que cette fuite en avant nous faisait perdre l'esprit critique des Lumières et l'attention à l'universel qui sont le fond de notre identité culturelle. En balayant aussi l'idée de Nature, que, de Rousseau à Humboldt et au romantisme ressourçant, nous avions mis au cœur de notre pensée philosophique.

Certes, il est toujours mal vu de critiquer la branche de la famille qui a réussi, même si on se doute qu'elle utilisait des méthodes dans ses grands espaces qu'on ne s'autorisait plus dans nos vieilles sociétés policées. Difficile aussi de se renvoyer dos à dos des comportements coloniaux dont on ne dira pas qui a été meilleur au concours génocidaire et dans l'exploitation de l'homme par l'homme. Difficile aussi de s'en prendre à la toute-puissance économique du moment, mais aussi culturelle et scientifique. N'est-ce pas aussi s'en prendre à nos élites que l'Amérique a biberonnées et célébrées, comme si les différences installées en deux siècles n'avaient plus de raison d'être. L'américanisation des mœurs est devenue chez nous une américanisation de la pensée profonde. On se réveille plus d'un demi-siècle après la Libération avec des sociétés européennes qui ne savent plus si elles doivent avoir leur propre façon d'entreprendre, d'inventer, d'organiser ce monde et de le rêver à travers leurs valeurs propres et si celles-ci existent encore.

Ce ressentiment douloureux conduit à une impasse s'il doit consister à rejeter la responsabilité de nos propres faiblesses sur notre tuteur, tentation naturelle lorsqu'on se livre à une introspection collective lucide. Le moment historique qui s'ouvre après l'hystérie trumpienne, violente et stupide, au point que l'Amérique tente de s'en dégager au plus vite, ressemble à ces lendemains de deuil où on doit choisir entre la déprime ou le rebond. Ce qui compte, ce ne sont plus les règlements de compte anciens, mais bien les défis nouveaux qui structurent une planète devenue trop chaude, trop inégale, trop conflictuelle et trop peu organisée à la fois ; parce qu'ils nous dépassent presque, ces défis doivent être notre première préoccupation et la vraie raison d'une remise en cause qui ne doit chercher aucune excuse en dehors de nous.

Nous penser à côté de l'Amérique, mais de laquelle ?

Oui, l'Amérique, devenue notre matrone, marche en déséquilibre sur la ligne de crête de l'idéal démocratique depuis plusieurs générations, au point de ne plus pouvoir mériter l'estime des enfants des Européens qu'ils ont fait rêver. Ceux-ci se demandent si la liberté qu'on leur a rendue ne s'est pas transformée en une triple illusion : l'illusion d'une Amérique généreuse qui ne connaît aujourd'hui que ses intérêts mercantiles ; l'illusion humaniste des fils de pèlerins convertis en milices fratricides ; l'illusion inventive d'ingénieurs géniaux qui ne veulent pas voir la réalité orwellienne de leur obsession égotiste.

Comment traiter ce dilemme intra-familial si ce n'est en recherchant chacun sa vocation d'abord ? Après tout, ce n'est qu'un épisode de l'histoire banale des civilisations qui vont et viennent ; celles qui ont imposé leur magistère ont toujours eu pour elles deux fers au feu qui ont duré généralement des temps assez courts : la tutelle militaire d'abord et, pour en faire payer le prix, la tutelle économique ensuite. *Quid novi* ? Rome, et plus tard Lisbonne, puis Madrid, Amsterdam, Londres, Paris et, enfin, Washington, Moscou plus récemment, demain Pékin peut-être, n'ont jamais entretenu autrement leur système colonial. De là à dire que l'après-guerre en Europe s'apparentait à un statut colonial consenti ne manque pas d'arguments. Du moins dans la période des premières décennies, allant du plan Marshall au triomphe d'IBM ; mais on ne peut poursuivre cette assimilation dans les trente années qui ont suivi que si on la fonde sur la collaboration volontaire des intérêts croisés et de la fusion complice des mentalités. C'est ainsi qu'on a inventé « l'idéologie occidentale », qu'on a appelé plus couramment la « pensée atlantiste », étendue imperceptiblement du champ miliaire au champ économique et culturel.

Concept bien cerné à cause de la guerre froide et jusqu'à la chute du mur, permettant de réagir au contre-modèle soviétique, « l'atlantisme » est une façon plus ou moins consciente et plus ou moins sincère de considérer que les intérêts globaux européens et américains justifient d'abandonner toute recherche de modèle propre à l'Europe, pour entreprendre, créer, rayonner, négocier et penser, s'exprimer au nom de ce qu'elle veut être et apporter aux autres sans demander l'autorisation à Washington. Le succès de « l'atlantisme » ressemble à l'emballement du cow-boy sur son cheval que rien n'a ralenti depuis les années 1940, ou plutôt celui des chaînes de Ford ou de la Metro Goldwin Mayer qui ont su inonder le Vieux Continent de leurs produits, avant de comprendre qu'il suffisait de mettre des Européens à la tête des usines pour que la conquête dure le plus longtemps possible. Et gare à toute remise en cause, suspectée de « crypto-marxisme systématique ». En effet, au nom de la défense du rideau de fer, toute tentative d'émancipation culturelle, économique et politique était soupçonnée de favoriser le communisme. La Communauté européenne de défense (CED) comme le projet européen ont échoué parce qu'on ne pouvait plus toucher à « l'atlantisme militaire », devenu la principale frontière de la pensée politique européenne. Controverse bien établie historiquement et toujours vivace, les premiers européistes, de Jean Monnet à Robert Schuman, n'ont été acceptés que parce qu'ils ne remettaient pas en cause le cadre géopolitique établi. Ils avaient donné suffisamment de gages dans les temps difficiles pour qu'on ne leur prête pas d'intentions cachées. De Gaulle aurait aimé convaincre Roosevelt que la France libre devait le rester après, mais Washington n'a jamais eu une grande culture du partenariat. Tous les empires, à l'Ouest comme à l'Est, ont été incapables de prendre le risque de l'émancipation de leurs marches et nous-mêmes, Français, n'avons pas démontré dans l'Afrique décolonisée que nous savions si bien accepter qu'elle nous échappe. Ce fut tout le talent de François Mitterrand, dans les années 1980, en associant des ministres communistes au gouvernement, de prendre des libertés avec le modèle capitaliste, tout en rassurant Washington de sa fidélité géopolitique, confirmée lors de la première guerre d'Irak, habileté mieux comprise sur les rives du Potomac que sur les rives de la Seine.

Tout modèle économique n'est-il pas l'enfant de sa matrice géopolitique ?

Le débat sur le système et la dynamique de l'histoire s'est détendu depuis 1989, mais chaque fois qu'un pan du glacis russe bouge, il ressurgit comme auparavant, avec ses *a priori* sans nuances et ses hypothèses non négociables ; et ce d'autant que les peuples aux frontières de l'ex-Union soviétique marquent indiciblement leur préférence européenne chaque fois qu'ils le peuvent. L'Union européenne incarne toujours autant en Biélorussie, Ukraine, Moldavie, un rêve démocratique non dissociable d'une économie de marché qui leur manque, mais dont personne ne veut prendre le risque. On est au cœur du sujet qui anime les nations : penser et vouloir un modèle économique propre, c'est-à-dire un rapport à la mondialisation, aux relations avec les autres pays, avec ses implications d'autonomie dans les règles d'échange et de négociation entre les pays, sans donner forcément le sentiment de vouloir remettre en cause un ordre militaire ou un ordre politique, est un exercice ancien qui a toujours fait échouer toutes les démarches d'émancipation des sous-ensembles au sein des empires, avant que ceux-ci n'éclatent de l'intérieur.

Mutatis mutandis, c'est bien l'exercice que l'Union européenne doit tenter désormais, poussée inexorablement par une logique de destin qu'elle n'est pas près de retrouver avec une telle évidence. La dernière opportunité historique, qu'elle a ratée dramatiquement, date du début du XXe siècle quand, il y a cent ans exactement, l'Europe se berçait dans l'illusion euphorique du traité de Versailles et d'une puissance égale entre les vainqueurs de la Grande Guerre ; avant que toutes les mines laissées sous les tapis moelleux ne finissent par exploser, en risquant au passage de tuer son âme et pas seulement sa prospérité.

En affirmant son projet géopolitique depuis peu, l'Union s'est obligée, du fait de la maturité de ses composantes ouest-allemande, nordique, méditerranéenne, française, bien sûr – et en dépit de la crainte de sa composante est –, à réussir dans la dynamique d'affirmation de son modèle économique, sans pour autant vouloir remettre en cause son modèle militaire et diplomatique. Et ce même après le départ des Britanniques qui ne fait qu'accélérer cette envie d'inventer une autre façon de vivre l'économie dans la mondialisation post-Covid-19, l'ancienne paraissant condamnée.

Et s'il s'agissait seulement de civiliser un modèle économique qui s'est emballé ?

La décennie qui vient est critique car elle devra faire accepter au partenaire américain un jeu autonome européen bien compris, dans sa façon de revoir son modèle propre et de le promouvoir dans le monde, tout en maintenant les liens géopolitiques transatlantiques qu'aucune alternative ne peut remplacer pour l'instant, en assureur en dernier ressort en tout cas. L'exercice est, bien entendu, hypocrite car il joue sur les deux tableaux, mais il est vital et non romantique ou lyrique ; il y va de la prospérité européenne dans la période de mutation profonde qui s'engage, dominée par la maîtrise des nouvelles technologies ; sa réussite conditionne la capacité du continent à repenser ultérieurement ses intérêts supérieurs, le moment venu, au détour d'une crise ou d'une nouvelle répartition des rôles un siècle après le sauvetage du vieux monde autodétruit.

Sommes-nous les seuls au monde à vouloir ce changement de paradigme? Ce qui serait déjà un signal positif de notre maturité historique nouvelle. Mais la décennie est encore plus critique lorsqu'il s'agit de reprendre le contrôle d'un système économique qui autodétruit la planète à petit feu et qui reconstruit des situations coloniales alors même qu'on avait juré qu'on mettrait fin à toutes les dominations. La nécessité de faire entrer le XXIe siècle dans une gestion durable de l'économie mondiale ne nous échappe plus en Europe, mais nous ne la réussirons pas seuls, même si nos jeunes générations ont fait leur cette utopie.

Un double jeu est nécessaire : en finir avec « l'atlantisme économique » sans rejeter complètement « l'atlantisme militaire ». Assumer ce choix requiert une analyse historique mue non pas par la frustration ou l'orgueil, mais par la conviction que si nous ne prenons pas la tête du basculement du monde dans le respect de son équilibre géophysique, nous trahissons nos valeurs et nous nous laissons entraîner dans une compétition entre grandes puissances qui n'est plus notre projet. Ce choix doit se prendre à un moment très particulier de l'histoire qu'il nous revient de faire comprendre sinon accepter par le nouveau monde : celui du passage de l'ère du pétrole vers l'ère écologique et de l'ère de la société de consommation vers l'ère de la société du bon usage, de l'ère des firmes militaires vers des entreprises en société ; ces mutations brutales changent radicalement les façons d'inventer, de produire, de vivre et de partager la richesse créée, ce que les Européens sont plus facilement enclins à faire et à réussir que leurs cousins d'Amérique qui résistent pour beaucoup à cette transformation anthropologique. Leur modèle reste largement celui de l'exploitation de leurs grands espaces, tandis que le nôtre est de nous blottir au creux de la vitalité restante de notre jardin.

En effet, c'est bien notre rapport au progrès, notre rapport à la nature, notre rapport aux autres et au monde qui est en question. Nous voulons les « civiliser », alors que les États-Unis veulent garder leur avance par-dessus tout, dont les GAFAM sont les nouvelles colonnes conquérantes, les nouveaux régiments camouflés, peu importe leur intégrité, leur éthique, leur juste rémunération, pourvu qu'elles servent l'Amérique dominante et dominatrice. Cette situation particulière insupportable prend appui sur une dérive du capitalisme boursier américain, devenu le socle des revenus des pensionnés, par opposition à notre solidarité actifs-inactifs qui est le socle de notre société européenne. À travers la prise de pouvoir de leurs gestionnaires d'actifs colossaux, qui détiennent près de la moitié de nos grandes entreprises, ce capitalisme financier américain exerce sans vergogne une pression au rendement qui n'est pas compatible avec notre jeu sociopolitique, trop coûteux et trop complexe à leurs yeux. La société solidaire, matrice de nos sociétés européennes, reste unique au monde. Il y a entre nous et les États-Unis cinq à dix points de performance qui séparent nos mécanismes économiques en termes de juste profit. Tirons-en les conséquences au lieu de nous tirer des balles dans le pied et parfois dans la tempe. Nous avons là une frontière de modèle qui fait de l'évolution du statut de nos entreprises, à travers nos règles de gouvernance capitalistiques, l'inclusion attendue des activités en société ; c'est une ligne de démarcation qu'il nous faut assumer enfin.

L'économie durable du XXIe siècle sera-t-elle européenne ou chinoise ?

Rien n'indique que l'Amérique économique de Biden sera moins prédatrice que ne l'a été celle de Reagan jusqu'à Trump à l'égard des économies voisines dont leur jardin européen d'abord, à cause d'une volonté constante de maintenir une rentabilité excessive de leurs investissements au profit de leurs retraités et au détriment de nos salariés. Reviendrons-nous au mythique *fair and decent profit* recommandé par John Harvard en allant vers la neutralité climatique au détriment des ressources fossiles et en jouant le jeu des négociations commerciales équitables ? C'est un immense pari qui ne dépend pas que des qualités empathiques et diplomatiques du nouvel occupant de la Maison-Blanche. Il y a derrière cela les stratégies de leur ultra-puissante industrie de la finance, les politiques sans concessions de leurs organisations professionnelles et les comportements exaltés de leurs dirigeants qui compteront par-dessus tout.

« La guerre des capitalismes », traitée dans un ouvrage remarquable du Cercle des économistes[1], incluant bien entendu le capitalisme d'État à la chinoise et les capitalismes pirates issus de pays émergents ou sans contrôle, aura bien lieu. Et, pour l'instant, c'est Pékin qui tient la corde dans les technologies du photovoltaïque, des batteries, de l'hydrogène et des terres rares, au point de nous priver possiblement de toute souveraineté future dans ces domaines clés. L'Europe va-t-elle parvenir à proposer son fameux

1. Jean-Hervé Lorenzi (dir.), *La guerre des capitalismes aura lieu*, Paris, Perrin, 2009.

« capitalisme des parties prenantes », analysé et formalisé autour du capitalisme rhénan par Michel Albert, repensé actuellement autour du « capitalisme responsable », qui fit illusion un temps, mais qui se structure aujourd'hui autour du « capitalisme durable », lequel n'est plus dissociable du défi climatique et social planétaire ? Et ce n'est pas parce que le World Economic Forum (voir The Davos Manifesto) s'est rallié au concept et que les meilleurs économistes de Harvard penchent de ce côté[1] que l'évolution positive sera inéluctable. La réponse viendra autant de la capacité européenne à structurer rapidement et institutionnellement son modèle que de l'attrition de leaders outre-atlantique pour cette évolution systémique. Mais n'est pas Bill Gates qui veut et encore le « philanthrocapitalisme » américain tient-il le haut du pavé à Wall Street.

La clé du monde durable est dans l'économie de la régulation, pas dans le marché pour le marché

Changer de modèle comme on change une roue en roulant est un exercice périlleux qui ne peut être l'affaire seule des pouvoirs publics agissant sous la pression des ONG qui lui dictent une vision d'intérêt général qui leur manque souvent. Il doit procéder aussi d'une volonté affichée de toute la communauté business européenne, des managers aux universitaires qui les forment, des administrateurs aux hauts fonctionnaires qui les dirigent, pour s'affranchir de l'« atlantisme économique » mental, mais aussi institutionnel, dans lequel tous baignent aujourd'hui, avouant par

1. Voir Rebecca Henderson, Dani Rodrik, Robert G. Eccles, George Serafeim…

là même un mal endémique qui est notre propre déficit d'ambition. Saurons-nous prendre le risque de faire passer notre cadre économique actuel d'une convention de performance comptable à un consensus de performance globale, humainement reconnu, sur lequel on fondera nos décisions avec une vision élevée de la contribution à l'utilité sociale, concept du XXIe siècle inévitable, veut-on croire ? En fait, on a géré jusqu'ici le rapport de l'entreprise avec l'État dans le cadre des lois, arrivant souvent trop tard pour réparer et guider ; il va falloir entrer dans le temps du contrat autour de consensus de régulations public-privé qui détermineront l'efficience de l'économie durable, capables de gérer à la fois la création de richesse et sa répartition face aux énormes enjeux du siècle. Cette idée fait son chemin sans être nouvelle ; elle rogne insidieusement le capitalisme boursier. Jamais la demande de sens n'a interpellé autant les patrons.

Il s'agit tout autant d'une révolution culturelle à faire, dans les mentalités dirigeantes essentiellement, mais aussi dans les représentations de la réussite et dans les clés de succès enseignées, pour penser un autre rapport de l'économie à la société, fondé sur une solidarité d'approche qui n'est plus l'exploitation de la ressource, environnementale, humaine, mais son contraire. De fait, il est clair que la croissance de nos revenus est devenue antagoniste avec cette démarche d'optimisation actionnariale popularisée par l'école de Chicago ; la répartition de la valeur issue de la financiarisation du système, organisée depuis les États-Unis, théorisée par Milton Friedman et Friedrich Hayek, sauvée par Joseph Schumpeter au travers d'une vertu créatrice aussi peu redistributrice que le « ruissellement », n'a fait qu'enrichir le décile déjà comblé et a créé à la fois des oligopoles, et même des monopoles, dont les résultats ne servent que les mêmes au détriment de tous les autres. Le constat est fait, mais nous n'en tirons pas encore la leçon. Par peur, paresse et habitude. Les pires des maux.

L'Europe est au pied du mur, celui qu'elle a abattu, dont elle n'a pas encore enlevé toutes les fondations, qu'il lui faut remplacer par une autre perspective, civilisatrice et pas seulement défensive ou abritée derrière une scénarisation hollywoodienne du bonheur à laquelle on finit par croire ou faire croire.

Ses valeurs la poussent inévitablement à pratiquer cette mutation de modèle, sans quoi elle ne pourra pas poursuivre sa marche institutionnelle avec l'appui de son opinion ; la mondialisation trop ouverte a miné le projet européen des années 2000 en ouvrant la voie aux populismes réactifs et opportunistes. Si l'Union européenne ratait cette marche économique, qui concerne autant la gouvernance durable de ses entreprises, la démarche durable de son agriculture, le mix durable de son énergie, la mobilité durable à travers ses infrastructures et la production durable de son industrie relocalisée, l'Union européenne n'aurait plus pour longtemps ni de rêve à proposer, ni de référence à imposer, ni de crédibilité pour mobiliser et se doter d'une identité qui n'a pas besoin de casser la donne géopolitique pour exister vraiment. Il lui suffirait de croire, enfin, que passer d'un modèle économique atlantique commun à un modèle propre européen, mais durable, au sens où les Nations unies l'ont ainsi défini, est le point de passage nécessaire et indispensable pour retrouver une place régulatrice dans le monde : cette fameuse espérance de *soft power* influente et médiatrice dans un monde chaotique. Mais encore faudrait-il qu'elle soit exemplaire, qu'elle ne soit pas qu'une promesse commerciale, une invention du bien-être et du bien-vivre par-delà le bien-penser, c'est-à-dire qu'elle devienne un continent combatif et combattant. Ses meilleurs représentants sont les parlementaires qui défendent les Ouïghours à Bruxelles en pleine négociation commerciale avec la Chine et qui ne se laissent pas impressionner par Poutine ou Erdoğan pour rappeler que dans leurs geôles croupissent des journalistes curieux et des femmes courageuses. L'Europe est plus que le combat des droits et des idées ; elle doit porter aussi le combat des espérances et des libérations ouvert par ses philosophes, ses révolutionnaires, ses artistes et ses savants, depuis les Lumières et même depuis la Renaissance, à savoir une quête inextinguible de justice économique. Nous n'y sommes pas, nous en sommes loin et la hausse des niveaux de vie ne fait rien à l'affaire, quoi qu'on dise. Le modèle européen reste le seul au monde pour lequel la justice dans les rapports économiques est une condition politique indissociable d'une démocratie institutionnelle. Nous avons un rendez-vous crucial avec cette identité ; c'est elle qui décidera de notre destin propre, de notre sécurité collective et de notre voix culturelle, plus que tout.

1
Nous sommes entrés dans une bataille de modèle économique que nous devons livrer et assumer pleinement

L'Europe a moins de dix ans pour imposer son « capitalisme parties prenantes » à côté du capitalisme financier américain devenu hors contrôle et l'avant-centre d'une vision géopolitique qui n'est pas l'intérêt du monde.

Un modèle économique est d'abord l'expression d'une vision collective de la société

Parce qu'il n'existe qu'une économie politique, ce sont les valeurs sociales qui sous-tendent la valeur des choses et conséquemment les choix des agents économiques. C'est ce qui fait que notre société européenne ne suscite pas les mêmes motivations d'enrichissement et d'audace créatrice que la société américaine : elle doit l'assumer en regardant fièrement sa capacité à générer la solidarité et la précaution que de nombreux Américains nous envient *a contrario*, comme on l'a observé pendant la crise sanitaire.

Cette différenciation n'est pas technique ; elle est même philosophique. Nous disposons, en France, d'un consensus autour du financement des retraites par répartition qui est radicalement différent du choix de capitalisation américain qui fut au cœur de la bataille de l'Obamacare. Cela nous prive de capacités de financement de l'économie à long terme, mais cela les prive d'une sécurité de revenu social et donc d'une cohésion intercommunautaire et générationnelle. Constater ces clivages historiques, issus de choix démocratiques de part et d'autre, doit conduire à en tirer toutes les conséquences dans la conduite de nos modèles et à ne pas singer les uns ou les autres, ou à vouloir tout et son contraire.

Les États-Unis sont devenus les premiers concurrents industriels de l'Union européenne et vice-versa; comme le résume très bien Pascal Boniface dans sa *Géopolitique de l'intelligence artificielle*[1] :

> Avec les États-Unis, nous partageons un socle de valeurs communes mais nous nous séparons sur le multilatéralisme, de façon vive du temps de Trump, de façon sûrement moins nette mais néanmoins réelle quand viendra le temps de Biden. L'application extraterritoriale de la législation américaine et leur conception d'un monde où leur hégémonie est conçue comme aussi bienveillante que naturelle, nous opposent également.

Certes, la compétition du siècle sera celle avec la Chine. Mais le débat est plus aisé à appréhender vis-à-vis de Pékin, car c'est une lutte de souverainetés par-dessus tout, dans laquelle les liens historiques ne sont pas en notre faveur et les conceptions du monde ne s'interpénètrent pas du tout.

---

1. Pascal Boniface, *Géopolitique de l'intelligence artificielle. Comment la révolution numérique va bouleverser nos sociétés*, Paris, Eyrolles, 2021.

Ce passif civilisationnel complique grandement l'établissement d'un *modus vivendi* équilibré. Nous passons des mauvais souvenirs de la guerre froide avec les Russes, où tout était permis jusque dans certaines limites trop risquées, aux craintes non évaluées d'une « paix chaude » avec la Chine, dont nous n'avons pas testé encore les uns et les autres l'élasticité des points de tension qui bordent les points de rupture. Difficile dans ce no man's land géopolitique de construire un dialogue entre modèles. Chacun est donc condamné à approfondir le sien afin d'en fixer le périmètre infranchissable, en ce qui nous concerne le respect des droits humains, sociaux, la viabilité de la biosphère, la protection de la santé et de l'intégrité humaine, l'application des contrats et le souci de la vérité de l'information, la solidarité humanitaire et l'anticipation des enjeux universels, etc. Les Occidentaux ont eu tort de traiter la Chine jusqu'ici comme un comptoir commercial, de la guerre de l'opium à celle des semi-conducteurs, et de n'avoir pas investi dans un dialogue de civilisation qui devrait faire émerger des points d'accord autres que mercantiles. Les jésuites à la cour de l'Empereur n'y étaient pas arrivés à leur époque, du fait du Vatican, erreur à méditer.

Au travers de l'étendard démocratique que la Maison-Blanche a promis de faire rayonner, sans même se poser la question de son exemplarité en la matière, les Européens vont être mis en demeure de rallier une croisade aveugle contre tous les autoritarismes soutenus par Pékin et Moscou. La promotion de la démocratie au XXIe siècle mérite plus qu'une mise à jour du « consensus de Washington », instrument au service de l'hyperpuissance américaine qui entend le rester. C'est un choix cornélien qui devra se trancher dans les élections européennes à venir, selon la façon, inquiète ou résistante, avec laquelle nos populations vivront ces tensions inscrites dans nos calendriers. En fait, l'émancipation de la mainmise américaine, devenue inconsciente sur nos esprits autant que sur nos actifs, est une problématique qui n'est pas guerrière, mais bien culturelle. Elle ne devra pas se poser en termes de sécurité collective, ou alors nous n'en sortirons pas, mais en termes de construction collective, ce qui est un tout autre exercice diplomatique : redéfinir nos différences et nos complémentarités avec chacun des deux autres continents sans jamais les poser en termes antagonistes est la voie de passage. L'enjeu se situe pour longtemps dans l'ordre de la pensée et de la culture, d'abord, ce qui définit des pratiques de vie commune au-delà de finalités qui ne sont plus partagées entre les trois blocs qui feront le XXIe siècle.

De fait, notre soumission mentale au rêve américain s'est ancrée lorsque nous avons choisi de ne voir que les bénéfices apparents, vaniteux, éphémères, d'un progrès matériel et individuel, devenu une valeur envahissante dans une Europe appauvrie qui n'avait plus de projet historique. Cette situation a coïncidé avec l'épuisement de la social-démocratie qui s'est perdue en idéologie de l'assistance, après l'accomplissement relatif des promesses de la Libération. L'engrenage de la guerre froide et de l'anticommunisme a eu raison de la solidarité avec la classe ouvrière, comme il a laissé faire le passage du lien colonial à la marchandisation des relations internationales, sans aucun accompagnement démocratique de ces pays neufs. Nous nous sommes perdus nous-mêmes dans les mirages d'un capitalisme emballé et d'une gouvernance onusienne, manipulée de façon éhontée. Certes, nous avons retrouvé et dépassé nos niveaux de vie anciens, mais sans jamais nous questionner sur la forme du monde souhaitable autre que le retour au temps wilsonien le plus hypocrite dans un contexte de compétition militaire féroce. Après tout, les Romains ne s'étaient-ils pas fondus dans les régimes des Barbares après la chute de l'Empire ? La vertu romaine n'a pas résisté à la fin des légions. Comme si l'ordre de la pensée et des valeurs n'était pas dissociable de l'ordre de la puissance physique et matérielle.

Encore une fois, le reproche de cet état de fait est moins à adresser à nos tuteurs qu'à nous-mêmes, car, en dépit de conflits intellectuels violents qui ont fracturé nos sociétés dans la deuxième partie du XXe siècle, sur la défense des droits de l'homme, la place des femmes, la reconnaissance des minorités, la liberté d'expression, l'indépendance véritable de la justice, la pratique de véritables élections libres, nous nous sommes plongés corps et âme dans la production et la technique, le marketing et la consommation. Il en est une organisation magique, dénommée l'entreprise, nouvelle cellule vivante de la société humaine la plus capable de porter nos espérances et nos folies. Nous n'avons cessé de célébrer cet outil fabuleux de créativité et de puissance pacifique. Nous nous sommes gardés de penser l'entreprise autrement que comme un espace de travail devant avoir ses règles à part, sa finalité dissociée du collectif, devant servir à réussir dans la paix la guerre du commerce mondial, par tous les moyens les plus habiles, aucune police n'étant encore légitime pour en juger. À ce jeu, les Américains nous ont tout appris ; leur recette, expérimentée à travers la sauvage conquête de l'Ouest et les grandes exploitations du Sud, fut admirée et sans appel, fondée sur des ressources naturelles abondantes exploitées sans règles, avec un effet de taille poussé toujours au-delà de l'imaginable et une incroyable maîtrise des techniques, sans parler de ce qui deviendra progressivement une martingale monétaire et une hyperbolisation de la richesse matérielle érigée en valeur religieuse.

L'Europe marchande, vénitienne puis hanséatique et enfin impériale, avait inventé le premier âge du capitalisme, c'est-à-dire un régime d'échanges de plus en plus ouverts, organisé par des médiateurs financiers de plus en plus déterminants et concentrés, des pirates et des aventuriers aussi, qui se sont appuyés sur un ordre militaire à travers le service rendu à la puissance des États et au besoin de monarques ; bien après, il n'y a pas de doute que les États-Unis ont poussé très au-delà la maîtrise de ce système, en faisant de l'enrichissement spéculatif la clé de l'investissement au service de toutes les opportunités, sans jamais se demander pour qui et pourquoi on le faisait, le gain restant toujours une fin en soi. Dès le XVIIIe siècle, la compétition de part et d'autre de l'Atlantique a eu ses cycles hauts et bas selon les degrés de coopération et de confrontation que les intérêts locaux imposaient ; si là est la vraie raison de l'indépendance américaine, c'est bien que la culture des colons enrichis est toujours restée un « consensus de la cupidité », selon l'expression inventée par Tocqueville, et que la géopolitique de Washington n'a jamais été autre chose jusqu'à aujourd'hui que le bras armé de ses meilleurs commerçants. Dire que le Vieux Continent a été inspiré quant à lui par d'autres considérations « universalistes », qui l'ont rendu anti-esclavagiste, après avoir laissé faire coupablement le trafic triangulaire des humains, ou détruire les ressources locales accaparées sans ménagements, avant d'organiser le développement de ses comptoirs, est une réalité qui différencie bien le rapport au monde des deux mondes, entre celui d'un prédateur sans vergogne, jamais repenti, ici, et un prédateur culpabilisé et calmé, là.

Sous-estimer ces différences culturelles majeures est une erreur, car cela explique pourquoi Européens et Américains n'ont pas la même philosophie du commerce, même si les conquérants anglais ont bien contribué à mélanger les motivations dans les deux continents. Certes, les deux économies européennes et américaines se sont profondément imbriquées au fil du temps, si ce n'est que par sa puissance et sa violence, l'une a pris le pas sur l'autre et, à l'occasion de deux guerres aux intérêts inversés, la partie s'est conclue de façon définitive en faveur des États-Unis. Il faut reconnaître que la prise de pouvoir des *tycoons* et des compagnies américaines qui s'est ensuivie, permettant le financement des infrastructures, des maisons de commerce et les inventions de plus en plus massifiées, a trouvé chez nous des contreparties euphorisantes, comme la mise à disposition des technologies et des savoir-faire que les Edison, Ford et Morgan nous ont livrées. Et dès lors que l'Europe, dont la France, l'Italie, mais aussi l'Allemagne, s'est mise sous la totale dépendance monétaire de l'Amérique pour les besoins de cette reconstruction, la messe était dite. De Gaulle fut le seul chef d'État à s'en offusquer, réaction d'orgueil que ni les Allemands à terre, ni les Italiens exsangues, ni les autres nations humiliées n'avaient envie de suivre, trop heureux de bénéficier des douces retombées de la marshallisation des économies et des esprits. Ce fut la fin de la pensée européenne qui avait triomphé pendant les siècles précédents ; à l'arrière de la Jeep, il n'était plus question de dicter la route au conducteur et on n'a eu de cesse de profiter du paysage en rêvant.

Il faut attendre la fin du siècle et beaucoup de triomphes et d'échecs, de « bulles éclatées » aussi, pour que le modèle d'hypercroissance, incarné désormais par Wall Street, produise sa propre remise en cause. Plus de cinquante après, l'Union européenne sur le continent a fini par se penser, d'atermoiements en chamailleries de fin de partie. « La vieille Europe », selon l'expression de G.W. Bush, a fini par talonner le niveau de vie américain, tandis que les États-Unis se sont enfoncés parallèlement dans une fracturation interne dont ils ne trouvent pas les solutions et n'ont cessé d'aller, à l'extérieur, d'initiatives erronées en échecs militaires et moraux qui font totalement douter aujourd'hui de leur message. Dit ainsi, c'est certes faire fi rapidement de « l'atlantisme politique » qui habite encore bien des dirigeants au cœur et à l'Est de l'Europe, qui n'hésitèrent pas encore récemment à saluer la victoire de Joe Biden, en rappelant « qu'il fallait cesser les illusions d'autonomie stratégique européennes ». (Voir propos d'Annegret Kramp-Karrenbauer, ministre allemande des Armées.)

Le résultat aujourd'hui est celui d'un processus de construction européenne conforté malgré lui par le Brexit, emballé dans le « Green Deal » d'une nouvelle économie verte forte de 1 000 milliards, soutenu par un euro qui ne fut jamais aussi solide ; il contraste avec la problématique volonté des Texans de quitter l'ère de l'or noir et des fermiers blancs du Sud de se laisser gouverner par une élite de couleur. Et même si nous abordons le nouveau siècle en deuxième catégorie dans les technologies essentielles, nous avons retrouvé une pensée autonome, c'est-à-dire l'envie d'une communauté de destin pilotée chez nous et par nous ; ce qui était devenu impossible avec « la voix de son maître » dans la maison, comme on l'a vu lors de la terrible occasion manquée de la deuxième guerre d'Irak, Blair ayant choisi l'autre continent. Contrairement à l'obsession trumpienne installée dans les esprits peureux, l'Européen ne considère pas la Chine comme un ennemi à contenir ; il y voit plutôt un partenaire qu'il faut conduire à nous respecter ; il ne voit pas dans la fin du pétrole la fin de son monde, mais bien l'opportunité d'une autre croissance respectueuse des équilibres naturels. Ces fractures mentales vont compter beaucoup dans le monde qui vient. Elles nous imposent une énorme lucidité, par-delà les amitiés mémorielles et les continuités historiques qui nous lient.

Le processus de domination économique qui s'est installé insidieusement dans tous les cercles de décision européens est devenu contradictoire avec nos intérêts de base. Nos principaux auditeurs comptables, nos grands cabinets juridiques, les *business schools* qu'on respecte, les traders essentiels comme les firmes de conseil stratégique, pour ne pas parler de l'*imperium* numérique total de la Silicon Valley et des firmes numériques qui règnent sans partage sur nos vies privées et professionnelles, structurent nos économies dans les fonctions les plus souveraines, les plus sensibles et les plus intelligentes aussi. Nous nous sommes accoutumés à un phénomène de dépendance industrielle qui ressemble à celui qui existe en matière militaire où nos capacités de déploiement sont liées aux moyens de renseignement et de transport que les alliés américains veulent bien nous octroyer. Il fut simple pour General Electric de mettre la main sur les activités énergie d'Alstom en manipulant avec le département de la Justice américain une sanction financière en matière de corruption qui conduisait la firme française à se rendre. Et faut-il revenir sur l'humiliation définitive, déjà évoquée, que l'affaire iranienne a causée, après la rupture unilatérale de l'accord passé concernant le contrôle du nucléaire civil, obligeant Total, Peugeot, BNP Paribas, etc., à sortir du pays sans aucune précaution, en dehors de toute considération de nos intérêts et de nos droits ? Tout le système de lutte anti-corruption américain, certes légitime, comme le renversement récent de la doctrine fiscale américaine visant enfin un seuil minimum d'impôt sur les sociétés identique dans le monde, est motivé par une protection unilatérale des intérêts états-uniens ; ils ne sont pas inspirés par une logique de partage des règles du jeu, comme nous le demandons à travers l'OCDE, permettant d'introduire des contrôles plus ouverts et des applications non arbitraires.

Les exemples ne manquent pas de rachats et de prises d'intérêt dans nos groupes leaders, de Sodiaal à Latécoère, de Bull à Saur, qui ont été des choix de facilité, faute d'une vraie politique industrielle française et européenne ; étant en position de demandeur, de capitaux et de technologies, nous avons laissé s'installer le contrôle d'entreprises européennes, historiques ou récentes, utiles et compétentes, que nous avons su faire grandir sur le continent européen. Il semble que la doctrine européenne, exprimée aujourd'hui par le commissaire Thierry Breton, veuille inverser ce schéma, aussi, la commissaire Margrethe Verstagger a accepté de faire émerger un intérêt mondial européen par-dessus celui de nos seuls consommateurs locaux. On jugera aux résultats, mais le renversement de pensée est encourageant et prometteur !

Avec Galileo, Airbus, l'ESA, demain peut être l'Europe des batteries et l'Europe de l'hydrogène, une inflexion est réellement en marche sur les dossiers stratégiques sensibles. On jugera la pertinence du projet européen à la réussite de ces activités souveraines, auxquelles il manque encore dramatiquement le secteur du numérique, de l'intelligence artificielle et de la santé, bien sûr. Le cycle qui s'ouvre ne doit plus être seulement celui du grand marché ouvert à tous vents, mais celui des grands acteurs mondiaux européens, adhérant à un statut de conquérant planétaire aux valeurs et aux objectifs explicites, nourris par nos compétences et nos ressources, comme les grandes cathédrales ont marqué une idée métaphysique européenne pour longtemps. Cela passera probablement par une société d'aviation européenne regroupant plusieurs compagnies souveraines, dans le train transeuropéen aussi, une industrie du *cloud* qui reste chez nous, des programmes militaires qui se compléteront et s'imposeront et des pôles de recherche fondamentaux regroupés derrière les programmes les plus ambitieux. Le rêve européen passe par là, pas celui des somnambules, mais celui des sociétés vraiment libres.

Autant qu'une bataille industrielle, l'Europe doit livrer une bataille de régulation du nouvel ordre économique international

La conflictualité fondamentale d'intérêts avec les deux autres continents dominants ne se manifeste pas seulement sur le plan industriel et concurrentiel ; il fait rage aussi sur le champ de la fiscalité, compétence souveraine s'il en est, où les États-Unis se sont affranchis de toute considération normative internationale, au seul profit de leurs firmes et au détriment d'une construction collective organisée. La nouvelle approche proposée par Janet Yellen, secrétaire d'État américaine au Trésor, est une ouverture significative, mais il n'est pas de doute que l'enjeu souverain doit permettre aux États d'assurer une stratégie de développement, de lutter contre les pouvoirs occultes et malveillants qui tirent parti du chacun pour soi. Le feuilleton de la fiscalisation des industries numériques, confiée à l'OCDE, est un bras de fer qui testera la capacité européenne à s'affirmer vraiment. Ce chantier n'est qu'une pièce du puzzle dans une partie beaucoup plus complexe car elle met en jeu les pratiques russes, chinoises, moyen-orientales, qu'on a commencé à serrer à travers la transmission des données bancaires et la pression sur les zones d'optimisation fiscale opaques, sur quoi la mauvaise volonté américaine (et l'hypocrisie existante chez nous aussi) empêche d'agir vraiment si on veut aller vers un cadre mondial normé et contrôlé. C'est une condition de la civilisation planétaire à l'ère digitale, si on veut sanctuariser la ressource publique et par-delà les modalités de solidarité et d'équité entre les nations. La fiscalité reste le premier levier anti-dumping et le premier moyen de corriger les fuites de carbone jamais comptées. Elle méritera une organisation onusienne en soi, dans le cadre d'une réforme que l'Europe doit inspirer pour réintroduire de la justice et de la transparence dans les échanges commerciaux, qui ne peuvent se résumer à la loi du plus fort. Si le front des démocraties voit le jour, il aura besoin de ce justicier implacable : Messieurs les Européens, tirez les premiers !

Il y a trois batailles fiscales majeures qui vont compter dans la décennie : celle des règles applicables aux activités virtuelles pour rendre effectif leur taxation, celle de l'impôt sur les sociétés pour homogénéiser l'assiette et les taux des redevances des opérateurs au regard de la protection des activités locales et aussi la taxation des activités financières, pour dégager une ressource publique collective qui ne s'oppose pas non plus à l'attractivité de chaque place. Ces négociations sont des parties à conduire objectivement à travers des alliances avec les organisations internationales en place capables de contribuer à l'application. Seule l'Union européenne est à ce jour dépositaire en la matière d'une vision d'intérêt général mondial, ce qui suppose qu'elle installe rapidement sa propre exemplarité. La grande leçon de l'accord de Paris, certes non contraignant, a néanmoins prouvé qu'à certaines conditions la planète pouvait faire œuvre d'intelligence partagée, lorsqu'une force diplomatique reconnue s'en occupe.

Au-delà du commerce et de la fiscalité, la troisième situation conflictuelle entre les États-Unis et l'Europe se joue sur le terrain des normes. Nous avons perdu la bataille de la norme comptable au profit de la *fair value* qui fait de la valeur de marché au jour le jour le seul critère d'appréciation de nos actifs, au détriment du bon sens et des situations contextuelles et de long terme dont nous connaissons pourtant l'importance. Revenir là-dessus sera difficile car, pour dominer l'univers des transactions, les opérateurs américains tiennent à faire de leurs marchés les arbitres principaux de la vie économique. C'est pourquoi, en ne laissant pas la mesure de la valeur extra-financière entre les mains des seuls acteurs financiers qui sont d'abord américains, l'Union européenne devra mener à bien avant 2025 une standardisation et une régulation de ces normes qui s'émancipent de l'influence principale des investisscurs outre-Atlantique, qui constituent à eux seuls la plus grande puissance financière mondiale, et de loin. La mission confiée à l'EFRAG, groupe d'experts-comptables européens, est bien partie en ce sens, mais encore faudra-t-il qu'elle se double d'une capacité d'influence politique dans la gouvernance même des International Financial Reporting Standard (IFRS) (voir projet Sahara Solar Breeder, SSB), par-delà le rôle déjà pris par le bras financier des investisseurs américains, SASB (Sustainable Accounting Standard Board), qui porte les intérêts de Bloomberg. L'Union européenne ne doit pas rater ses alliances avec les autres parties prenantes (voir Global Reporting Initiative, GRI) et avec les représentants de la société civile et des salariés qui ont leur mot à dire dans la mesure des impacts de l'économie sur la société. La révision engagée à l'initiative de la France de la norme RSE (Responsabilité sociétale des entreprises), ISO 26000, promet aussi un bras de fer avec l'organisation des chambres de commerce américaines, l'État chinois aussi, qui ne partagent pas notre volonté de mettre la dimension « responsable, sociale et environnementale » dans les critères admis des accords de libre-échange. Le sujet est à l'instruction à Bruxelles, qui est déjà parvenu à poser une directive qui structure cette information sociale, environnementale et de gouvernance, en l'améliorant en ajoutant la transparence des émissions de gaz à effet de serre (GES), et pour la rapprocher du suivi de l'accord de Paris (méthode TCFD, Task Force on Climate Disclosure). Mais ce chantier n'a de chances d'aboutir de façon opérationnelle que si les acteurs européens, assez convergents en la matière, s'unissent pour que les autres normes s'additionnent dans une vision d'ensemble d'un modèle européen d'entreprise durable qui ait une chance de s'imposer comme un cadre juridique de référence ; il s'agit de tirer les entreprises à travers une économie plus circulaire (réduction des déchets, des matières utilisées), une gouvernance dite « durable » au sein de leur conseil d'administration et assemblée générale, un suivi transparent de la chaîne de valeur dans le monde, sur les questions de droits humains et sociaux, sur les atteintes à l'environnement, à l'équité fiscale, à la lutte contre la corruption. Ce défi de définition peut sembler technique, comme le prétendent les juristes, plus confortables dans le déni des risques que dans la prise d'engagements. Il est fondamentalement politique et même stratégique : l'ouverture de l'entreprise sur son univers élargi, en société, porte une inflexion du capitalisme originel qui se concentre depuis toujours sur la création de richesses, par et pour l'entreprise avant tout, dans le marché, seule entité de référence reconnue. L'objectif est d'aller vers une conception plus sociétale, qui fait des relations avec les autres parties que les investisseurs une valeur à mesurer et à apprécier également. Le chemin parcouru depuis vingt ans en information extra-financière montre que la voie est réaliste, de même qu'il est réaliste de penser qu'on peut envisager de donner une valeur quantifiée à la gestion environnementale de l'entreprise, au regard du capital de biodiversité dont elle a la charge, et qu'il est plus que souhaitable aussi d'améliorer la prise en compte du capital humain dont l'entreprise a besoin, aujourd'hui réduit à quelques indicateurs simplistes et réducteurs (accidents, formation, présence). La communauté des managers responsables (MR21) a proposé judicieusement de créer un statut optionnel de « société européenne durable » qui reprend les constituants d'un comportement économique idéal recommandé, dont la définition devrait s'intégrer dans un dialogue continu et l'application puiser dans une incitation qui ne peut être que fiscale et de réputation.

Les standards RSE sont le champ plus que symbolique de l'affirmation du projet européen dans un modèle d'entreprise

Il faudra se demander pourquoi, dans une Europe pionnière dans la conception de la norme extra-financière, tous les acteurs ont été rachetés un par un par les grands acteurs américains de la notation financière depuis 2010. Nous ne maîtrisons plus qu'un seul *rater*, EcoVadis, qui mesure la qualité des relations entre les donneurs d'ordre et leurs fournisseurs dans le monde. Pouvait-on l'éviter ? Oui, car les investissements en jeu étaient limités, mais l'absence de consensus politique entre les places européennes, toutes en compétition intense malheureusement, et la dimension boutiquière de nos gestionnaires d'actifs, chacun ayant sa méthode, de Amundi à Sycomore, ont ouvert la voie aux ambitions américaines. Nous sommes passés à côté de la volonté de porter une agence de notation extra-financière européenne, par pusillanimité autant que par manque de vision. Et le coup de grâce à la normalisation européenne vient d'être porté par le ralliement des acteurs pionniers, la GRI, l'IIRC (International Integrated Reporting Council), derrière la bannière de Bloomberg, *via* SASB, qui dira demain ce qu'est une entreprise durable, selon les critères des investisseurs américains. L'Europe pourra faire des lois et imposer des rapports sophistiqués à ses entreprises, mais elle aura du mal à peser sur les classements, les indices et les notes qui définiront ce qu'est une valeur globale d'entreprise reconnue dans le champ comptable, concept européen à la base (voir « double projet », « *care* »), mais que les Américains auront su formaliser (voir « *one report* ») et imposer par la loi du nombre. À moins, là aussi, de reprendre la main au cœur des organisations de régulation internationale avec un schéma déterminé dont elle fait une condition d'accès à son marché.

Cette compétition normative existe aussi sur le terrain des labels, on voit même une entreprise pionnière de la RSE se faire le chantre d'un label évangéliste américain en vogue, comme si elle prenait les consommateurs européens pour des gogos qui ne regardent pas ce qu'il y a « sous le capot » des produits, alors même qu'il faudrait encourager des niveaux de reporting RSE exigeants qui confortent le modèle durable européen, voulu et suivi de Bruxelles. L'Union européenne, qui a créé la première classification d'actifs durables (voir taxinomie verte), qui encourage l'épargne responsable (voir écolabel ISR, Investissement socialement responsable), qui est la première zone financière en matière d'usage des critères d'investissement et de crédit responsables (dits ESG, pour critères environnementaux, sociaux et de gouvernance), qui concentre le plus d'émissions obligataires durables, de fonds d'investissement engagés et à impact positif, bien au-delà des déclarations bien intentionnées de BlackRock, a devant elle l'opportunité d'imposer un cadre financier qui exclut les investissements « pourris » (*brown*) et favorise la nouvelle économie durable, verte, si elle en prend les moyens normatifs. Ses autorités de marché en sont conscientes mais seront-elles assez unies et volontaristes pour poser une architecture directive qui fera école dans le reste du monde, en lien avec les acteurs asiatiques qui suivent le mouvement ? Au lieu de prendre leur responsabilité en proposant des cadres en amont, les acteurs économiques européens se résignent à laisser la Commission et le Parlement légiférer et ne portent aucune ambition commune, la Bourse de Francfort continuant à croire que celle de Paris est son premier concurrent et vice-versa. Seule l'organisation européenne des investisseurs dits « éclairés », Eurosif, démontre *a contrario* que l'union fait bien la force et que sans cette alliance l'Union européenne ne serait pas où elle en est aujourd'hui.

Au bout de cette bataille, il y a le code de la route de l'économie de demain, les notes données à nos entreprises, pour dire ce qu'elles valent vraiment et pas seulement ce qu'elles gagnent en apparence ; il y va des repères qui permettront aux gouvernements, aux syndicats, aux ONG, de discuter avec les dirigeants d'entreprises leurs relations, leurs projets, leur intention dans le partage de la valeur et la durabilité de la planète. La définition et les standards de notre idéal d'entreprise encouragé sont la partie immergée de la bataille du modèle que l'Europe doit livrer dès maintenant, dans le cadre du « Green Deal » et des futures relations commerciales que l'Union s'est engagée à entreprendre pour réformer l'Organisation mondiale du commerce (OMC). Penser le commerce à travers une grille de décisions qui regarde la façon sociale, environnementale et le rapport au territoire dont l'entreprise se sert pour nous proposer ses produits, autour de minima comportementaux attestés, serait une victoire considérable dans l'histoire économique. L'ambition d'insérer ces exigences dans les accords de libre-échange serait la plus grande révolution depuis que Pareto a défini la loi des avantages comparatifs sur de pures logiques de prix ; on se demande ce que la Chine pourra requérir en contrepartie, elle dont l'ouverture au commerce mondial lui fut imposée par les Occidentaux à travers les fameux traités inégaux, sauf à n'accepter aucun contrôle extérieur et à pérenniser ainsi ses ventes. Ce formidable coup de reins européen, qui a aussi sa face politique controversée, exprime une volonté de rebond dans le monde d'après la pandémie, caractérisé par une économie verte et une structuration de choix de long terme. Le risque est que cela reste un guichet alors qu'il doit devenir une fédération d'initiatives communes prospectives associant les industriels et les forces sociales, pour les inviter à se regrouper dans la décennie critique dans une vision partagée d'une économie faite enfin pour toute la société, assumant sa responsabilité de production et d'utilité sociale à la fois, qualités du modèle européen s'il en est.

Les Européens champions dans les bonnes intentions, jusqu'à quand ?

On vit en France une expérience assez déceptive dans cette bataille des standards de responsabilité dont il faudrait tirer vite les leçons : la loi française dite Pacte (2018) propose aux entreprises de se donner une « raison d'être », à ne pas confondre avec le statut de « société à mission » qui est organisé à travers un schéma juridique précis (article 1835 du Code civil). Or, on assiste avec l'idée de « raison d'être » à un concours de généralités et d'intentions faussement naïves qui ne semble pas lier le moins du monde les dirigeants quant à leurs objectifs précis dans les investissements sociétaux, les critères affichés de partage de la valeur (soit l'augmentation des dividendes *versus* celle des salaires selon les situations) ou même leur stratégie. Ma main gauche financière ignore les chartes et les déclarations que signe ma main droite. S'agit-il d'acquérir un concurrent ou de s'installer dans une zone moins fiscalisée, de réduire ses effectifs ou d'augmenter les dividendes, les raisons d'être les plus lyriques ne freinent personne. On est là au cœur du défi de la réforme du capitalisme, tant débattue dans les pays développés ; le fondateur du World Economic Forum de Davos, Klaus Schwab, connu pour sa défense et son illustration de l'économie libérale mondialisée, y va aussi de ses propositions de réforme, recommandant, comme beaucoup d'autres, de mettre au-dessus de toute gouvernance un *purpose* qui explicite l'utilité sociale de la firme, avec des critères qui le définissent, et de prendre en charge les grandes questions, du climat, de l'équité fiscale, de la juste rémunération et de la place équilibrée des femmes et des hommes, etc. Mais à quoi bon tant de perspectives louables si les faits d'année en année ne démontrent pas de vraies différences dans la prise de décision. La réforme du capitalisme ne se fera pas par le seul mouvement de l'auto-régulation qui s'affiche, si on regarde les deux décennies passées où les déclarations d'amour du business à la société n'ont pas donné lieu à beaucoup de preuves… Des dirigeants vraiment engagés comme Paul Polman (Unilever), Jean-Paul Agon (L'Oréal), Jean-Dominique Senard (Michelin) ont fait bouger leur entreprise, mais ne sont-ils pas l'exception qui confirme une inertie qui a la vie longue, de chaque côté de l'Atlantique et pire ailleurs ? Le discours de réforme fait place à un concours de vertu que les faits disqualifient aussitôt, car le cœur du réacteur repose dans le pacte entre l'actionnaire et le manager autour d'un taux de rendement, souvent non dit, indiciel en tout cas, que personne ne veut vraiment abaisser au profit des autres parties prenantes. Là se joue la vérité du sujet, afin de déporter quelques points captés par le capital au profit des autres parties. On dira alors, et on aura raison, que le capitalisme européen est moins rentable que le capitalisme américain ; il nous faudra bien l'assumer au nom d'un contexte plus résilient et humainement plus satisfaisant qui, dans des sociétés humaines plus exigeantes en termes éthiques et moraux, peut faire la différence pour attirer des talents et favoriser la créativité. Le paradigme friedmanien atteint son épreuve de vérité !

La communauté des dirigeants européens est mise au défi de sa propre vision et intégrité

Il est clair que s'ils veulent promouvoir leur propre modèle et leur autonomie de décision, les patrons européens devront dire pourquoi et surtout comment ils veulent s'émanciper de la pression des gestionnaires d'actifs qui prennent leur référence à Wall Street autour de taux de rendement toujours plus élevés. Mais pourquoi le feraient-ils, tant ils sont les vrais gagnants du système ? Pour décider seuls de leur rémunération ? Pour gagner une indépendance stratégique plus confortable ? Pour avoir moins de comptes à rendre ? La réponse se trouve évidemment à la source des combats à mener : si nous voulons une industrie européenne forte, une fiscalité mondiale équitable, une mesure de la valeur juste, n'est-ce pas pour développer une économie qui sert nos sociétés humaines d'abord, en cohérence avec nos valeurs ? Offrir au plus grand nombre des produits sûrs et écologiques, des emplois respectueux des principes de droit et d'équité, portés par des entreprises gouvernées de façon transparente et responsable, accordant autant d'importance à la richesse dégagée qu'à l'intérêt de la planète, n'est pas un programme économique, encore moins une demande fiduciaire des investisseurs. Ce n'est qu'une certaine idée de l'entreprise et de la création de richesses matérielles dans un monde qui craque de ne pas l'avoir fait plus tôt. Cette pétition de principe change de modèle patrimonial. Elle fait évoluer radicalement la raison d'entreprendre, comme l'a réécrit la loi Pacte deux siècles après la première définition du Code civil : gérer l'intérêt social de l'entreprise, en prenant en considération les enjeux sociaux et environnementaux. On sait que là n'est pas l'objectif et la pratique du capitalisme américain au pouvoir à Wall Street, mais aussi à Cupertino ou Seattle. Voilà pourquoi les dirigeants européens sont au pied du mur et devront choisir leur camp, à moins d'attendre que Larry Fink et Mark Zuckerberg leur disent ce qu'ils doivent faire…

Au-delà des clarifications d'intentions qui se feront ou non dans la tête de nos dirigeants, le contexte de crise caractérisé par le passage forcé des énergies fossiles aux énergies propres n'appelle-t-il pas plutôt une réforme institutionnelle en profondeur, en s'attaquant à la raison de l'impérialisme d'influence du business américain, cette quête du rendement le plus élevé possible, au détriment de salariés étrangers et des sociétés extérieures chargées d'assurer leurs pensions ? Le PDG de Danone a tenté ce discours, un peu seul et par trop inspiré, sans succès. Toutefois, il avait contre lui un malentendu gênant : il n'a jamais énoncé clairement à ses actionnaires le taux de rendement que pouvait leur assurer une entreprise en transformation profonde, dédiée à « une mission de santé pour tous », leur laissant croire qu'on pouvait à la fois battre en Bourse PepsiCo et rémunérer dignement ses producteurs locaux.

De fait, faute d'avoir pris les moyens de financer nous-mêmes nos entreprises, aujourd'hui, une grande part de la valeur produite par les Européens a rejoint les fonds de pension américains qui nous imposent une pression distante et désincarnée, des taux de retour réels autour de 10 % à 12 % du revenu, comme l'explique le chef économiste de Natixis, Patrick Artus :

> Que font alors les entreprises pour obtenir un tel rendement ? Elles compriment les salaires – ils ont augmenté trois fois moins que la productivité du travail dans les vingt dernières années –, elles délocalisent dans les pays émergents à faibles coûts salariaux, elles cherchent à obtenir des positions dominantes (des rentes de monopole), elles rachètent leurs actions [...][1].

1. « Patrick Artus : "Rien de majeur ne changera si le rendement exigé du capital reste aussi élevé" », *Le Monde*, 7 novembre 2020.

Ce ressort simple explique largement les restructurations continues qui pressent la main-d'œuvre et qui font ressembler nos groupes à des « lessiveuses » ininterrompues. Mais qu'est-ce qui oblige les managers européens à s'aligner sur des critères de performance socialement inacceptables et économiquement peu atteignables, sauf l'attention qu'ils portent à leur carrière et leur rémunération personnelle, par loyauté pour leurs mandants, mais en contradiction avec les attentes des autres parties prenantes.

La problématique que pose cet alignement actionnarial est qu'il se poursuit depuis plusieurs décennies au détriment d'une construction d'un tissu industriel européen, à travers une double abdication stratégique. La première contrainte découle du fait que les investisseurs américains n'ont de cesse de renforcer légitimement leurs portefeuilles d'actifs, de plus en plus concentrés ; ils empêchent la constitution de pôles leaders européens chaque fois que les activités visées en valent la peine. L'autre contrainte est que cette imbrication n'est pas pensée et débattue clairement en Europe, sous prétexte qu'on agit dans une zone amie, d'économie de marché sécurisée, et que « travailler pour les États-Unis » ce serait « travailler pour nous ». On sait que la vraie histoire s'écrit hors de toute considération amicale. On pourrait déplorer aussi l'absence continue d'un patriotisme économique européen ; en réalité, au fil de la constitution d'une communauté atlantique des affaires, qui a commencé par la création de l'Institut européen d'administration des affaires (INSEAD) à Fontainebleau, en 1948, dans le but d'apprendre à nos meilleurs commerciaux les codes de la réussite américaine, un déni de la compétition entre le nouveau et l'ancien monde a été légitimé de façon très politique. On a fustigé nos lois sociales et notre passé conflictuel pour alimenter une critique de l'inefficience européenne congénitale. On a installé la discussion sur les questions de méthode en se gardant de poser les vraies problématiques sur la finalité du système. De fait, « rien ne changera si le rendement exigé du capital reste aussi élevé », rappelle Patrick Artus[1] à tous ceux qui cherchent à réformer le capitalisme en multipliant les bonnes idées, les recettes de productivité et le culte des Powerpoint. Nous n'avons pas un problème d'efficacité en Europe, mais plutôt une interrogation à régler sur la finalité du jeu : pour qui, pourquoi travaillons-nous ? Le rendement du capital investi peut motiver BlackRock, pas l'intérimaire français qui ne sait pas si on le gardera à son travail. Et si on fait de la vie professionnelle un concours de performance du cours de l'action, en courant derrière le classement de la *Harvard Review*, on se condamne à la filialisation matérielle et intellectuelle à la fois.

Qu'est-ce qui empêche un PDG européen de choisir la résilience plutôt que le rendement ?

Lorsque nous en voulons à BlackRock de ne pas s'appesantir sur le sort de cent salariés en France ou de ces cent-là en Europe, loin des tours de Manhattan, pour garder dans son portefeuille telle entreprise qui se valoriserait mieux, nous ne faisons que le procès d'une rationalité dont nous avons accepté nous-mêmes tous les mécanismes. N'est-ce pas se défausser de notre vraie responsabilité que de désigner une logique de rendement que nous connaissons de longue date et dont nous faisons l'éloge dans toutes nos *business schools* ?

1. *Ibid.*

Le défi qui se pose à nous ne trouvera pas de solution dans le retour vers des boucs émissaires caricaturés et dans le déni de la nécessaire bonne allocation des ressources. Il nous faut franchir une étape dans l'exercice critique qui dépasse le mandat étroit des pensionnés américains dont nous acceptons volontiers l'argent quand cela nous arrange, pour la regretter quand elle se retire. Nous ne pouvons nous en prendre qu'à nous-mêmes concernant la désindustrialisation de nos territoires : absence d'anticipation des évolutions, étroitesse des filières locales, compétitivité dégradée, etc. Nous entretenons une ambiguïté coupable à l'égard d'Amazon dont nous dénonçons la puissance et que nous finançons aussitôt qu'un entrepôt est annoncé. On sait bien qu'il y a derrière notre rapport à l'argent une hypocrisie toute catholique qui nous prive d'une analyse raisonnable et respectueuse des intérêts des épargnants et qui nous éloigne d'un sens de la responsabilité envers l'avenir et ses risques qu'il faut toujours envisager. Les politiques publiques industrielles sont, en France, un gigantesque cimetière d'occasions manquées et un abîme de dépenses électoralistes, qui ne doivent pas grand-chose à l'intelligence économique collective. On sait en Lombardie, dans le Jura et le Choletais que des territoires industriels prospères doivent leur réussite aux solidarités de long terme entre les acteurs, de la formation aux élus, et pas à des mécènes mythiques ou à des joueurs de grosses fortunes. Repenser le modèle économique ne se fera pas dans un grand soir anti-Wall Street, mais bien plus à travers des coopérations de long terme établies de vocations territoriales reposant sur des compétences du plus haut niveau, rassemblées dans des stratégies de leadership et de complémentarité. L'entreprise inclusive est la plus compétitive parce que la mieux entourée. La résilience est plus motivante pour les dirigeants que le gain à court terme. Combien d'usines a-t-on vu en Europe se faire et se défaire dans une « économie de comptoir » qui ajuste ses prix de transferts pour optimiser les aides et qui tire le rideau dès que le vent des avantages a tourné. Ce modèle opportuniste a désespéré et dévitalisé des quantités de territoires locaux qui en ont gardé une haine compréhensible de l'économie de casino. La faute est collective ; nous savons maintenant que la nouvelle économie durable repose sur des projets fondés sur des savoirs, des capacités en travail et capital qu'il faut réunir en s'ouvrant sur le monde et pas sur des financements fantomatiques ou le ruissellement des grands groupes.

La triste réalité des « trente perdantes » issues du choc pétrolier, des années 1970 à 2000 et au-delà, est une suite incessante de mutations technologiques et de restructuration des chaînes, qui a privé toute la population ouvrière d'un avenir organisé, mais qui n'a jamais nui aux intérêts financiers concernés. L'Europe a joué le jeu de cette première délocalisation à grande échelle, sans barguigner. À comparer avec la Suisse qui accumule le plus grand nombre de pépites industrielles à haute compétence sur un territoire qui parie depuis toujours sur la qualité de son capital humain. On peut toujours réinventer en dernier ressort l'ardente obligation planificatrice, celle qui avait inspiré avec succès la reconstruction gaullienne, car elle n'oubliait pas que la souveraineté économique était la mère de la souveraineté politique. Mais la complexité des économies de marché numérisées, quoi que démontrent les réussites chinoises commandées d'en haut, rappellent que des maillages d'écosystèmes solidaires sont très efficaces, s'ils acceptent de s'intégrer dans un projet de nation entreprenante dont le succès collectif est une des finalités indissociables des projets individuels. Une partie de l'expertise PME européenne, en Allemagne, Autriche, Italie, Scandinavie, Grande-Bretagne, procède de cette inclusion volontariste. L'avenir du modèle industriel européen se retrouvera dans ce maillage de territoires de projets qui pense durablement, par opposition au modèle finissant des grands groupes transnationaux, rêvant de plate-formes sans usine, surtout s'ils prennent leurs ordres à Chicago ou à Shanghai, qui n'ont aucune solidarité envers nos tissus humains, quoi qu'ils disent.

Re-ensemencer l'industrie dans un territoire, comme l'agriculture dans un terroir, est au départ d'une nouvelle économie qui peut désormais rayonner dans tout le monde. Le temps est arrivé où l'on se définira plus par d'où l'on vient que par où on va. Il faut donc tourner la page accusatoire, reprochant la naïveté des uns, celle de nos politiques, attaquant l'abdication des autres, celle de nos dirigeants économiques, s'en prenant à la passivité de nos sociétés tout entières, au premier rang desquels les consommateurs que nous sommes, complices de conditions de production indéfendables, en dépit des avertissements des partenaires sociaux qu'on a méprisés et marginalisés de façon éhontée dans ces combats passés. Cette triste désindustrialisation en cours interroge aussi les experts, acteurs académiques ou intellectuels, qui ont tant tardé à repenser l'entreprise enseignée sur les campus américains dans les années 1980 et à proposer un système de régulation améliorée, adaptée à la situation de moins en moins « durable » du monde. Les enseignements les plus prestigieux n'ont-ils pas consisté à légitimer des stratégies de repositionnement sur les seules bases des avantages monétaires, fiscaux, des aides et des baisses de coûts, nous faisant croire que la compétitivité était seulement l'affaire d'une ligne de dépenses à minimiser.

Le premier partenaire du chef d'entreprise dans une Europe qui voudra faire de l'industrie pérenne sera le territoire, à travers ses acteurs de formation, ses organisateurs et ses animateurs locaux, tous ceux qui portent sa vision humaine dans le temps, capables de nourrir des compétences enracinées. Re-ensemencer la production nécessite un terrain d'accueil, comme il n'y a d'agriculture que dans un terroir et de culture que dans une communauté. L'inclusion est beaucoup plus pour le succès économique qu'un arrangement avec les influenceurs ou une logique de subventions à quoi on la réduit souvent. Cette vérité locale condamne à terme les marques qui ne se pensent que mondiales et qui ne comprennent pas qu'en étant de nulle part elles ne parleront plus à personne. En devenant la matrice vitale de la production d'un bien capable d'évoluer, de rayonner et de se transmettre, le territoire peut revitaliser nos groupes et nos créations, dans lesquelles les métiers et les talents retrouveront des raisons de s'investir, dès lors qu'on sait catalyser des vocations créatrices.

La première conséquence de cette inversion des priorités est de remettre l'actionnaire à sa place, celui d'un prêteur de capital, participant à un contrat, et seule partie décideur du projet d'entreprise. Les investisseurs éclairés découvrent aujourd'hui l'intérêt du dialogue actionnarial ; ils comprennent que le non-dit de la maximisation est un poker menteur source de bien des désillusions de part et d'autre. Le jeu qui consiste à faire en Bourse son marché auprès du plus offrant, sans dire jamais vraiment ce qu'on pourra tenir, ne répond pas aux logiques de projets industriels de long terme. Le dialogue actionnarial doit expliciter désormais le taux de rendement qu'on est prêt à porter pour développer un projet, réussir une mutation au profit de toutes les parties prenantes, comme c'est largement le cas dans le *private equity* ou le *venture capitalism* où on s'associe sur des espérances chiffrées, chacun prenant son risque. Les PDG remarquables seront ceux qui assumeront ce dialogue précis et ses conséquences. Comme le disait publiquement Emmanuel Faber, du temps où Danone donnait des leçons de gouvernance : « La maximisation de la performance actionnariale est une stupidité. » Mais qu'est-ce qui empêche de revoir le non-dit pour préférer la résilience du modèle à la pressurisation des autres parties prenantes ? Dès lors que les circuits de financement se sont largement diversifiés, un pacte actionnarial explicite est de nature à éviter une mise sous coupe dont on ne sort que par la crise. Et, pour ne pas sortir de l'ambiguïté à son détriment, n'est-il pas mieux alors de poser un capitalisme de vrai accord et non de fausses promesses, qui dit quel est le projet, pour combien, dans combien de temps, avec qui, et de faire de ce projet collectif un contrat plus ou moins formel entre toutes les parties prenantes, au premier rang desquelles le territoire et les salariés ? Le nouveau capitalisme européen doit œuvrer dans cette voie contractuelle. La discussion est ouverte dans le projet de directive « gouvernance durable » proposé par le Parlement européen. L'intérêt social de l'entreprise trouvera ainsi la traduction qui lui manque encore. Il s'y ajoutera un agenda, des mandats de gouvernance, des indicateurs choisis, comme dans toutes les bonnes institutions humaines qui savent où elles vont.

Avons-nous un état d'esprit de filiale ou voulons-nous peser sur les règles de l'économie internationale ?

Sur le terrain de la régulation économique internationale, l'Europe a largement perdu la première manche qui a suivi la mise en place des grandes institutions des Nations unies après-guerre, les Américains ayant imposé très tôt leur consensus libéral fondé sur l'ouverture des marchés aux entreprises internationales, l'accès aux ressources de base, la discipline budgétaire et le contrôle par leurs outils monétaires, bancaires, le poids de leur expertise et de leur diplomatie, en n'omettant pas un discours libérateur et une promesse de lendemains meilleurs. Ce « consensus de Washington » aura gouverné la deuxième partie du XXe siècle, comme le traité de Vienne et plus tard le traité de Versailles avaient cru pouvoir enfermer les nations dans des cadres figés. Aucune aide au développement des États-Unis n'a été déliée d'un devoir de loyauté politique à leur égard, tant que cela tenait. Les pays émergents ont été les cobayes de cette occidentalisation des structures et des mœurs, sauf quelques exceptions rétives qui sont allées voir à Moscou, ce qui les a entraînées dans la chute de l'empire, comme l'Éthiopie, Madagascar, Cuba, l'Algérie, etc. L'OMC qui a succédé au GATT (General Agreement on Tariffs and Trade) fut l'arène principale de cette phase post-décolonisatrice peu différente de l'État colonial, jusqu'à ce que la Chine s'impose et la délocalisation des industries avec, la communauté OCDE se réveille en découvrant une mondialisation malheureuse qui se retourne en partie contre elle. Ce lien négocié entre la nature géopolitique de l'alliance occidentale et la gestion de ses complémentarités économiques est la grande erreur faite par les États-Unis, empêchant le capitalisme de respirer selon les latitudes et de constituer des pôles de richesse locale dans des conditions bien gouvernées par les acteurs. La conséquence, au-delà de la dépendance organique, fut d'affaiblir le système économique en le centralisant et en le privant de respirations et de variantes. La financiarisation des années 1980 a eu des conséquences systémiques qui ont appauvri les classes moyennes et concentré les richesses au profit des plus gros acteurs. Personne ne s'est plus opposé à un capitalisme oligopolistique devenu indéfendable.

Pendant toute cette période, l'Union européenne en construction a joué les supplétifs de l'ordre washingtonien, certes avec ici et là les accents humanistes d'un Michel Camdessus au Fonds monétaire international (FMI) ou les dénonciations préfiguratrices d'un Michel Aglietta et de son école de la régulation, relayée par la dénonciation des inégalités intrinsèques démontrées par Thomas Piketty, l'appel d'Esther Duflo à ne pas s'habituer à la pauvreté et les études de Gabriel Zucman sur l'évasion fiscale des multinationales. Ces critiques européennes ont rejoint celles de la gauche démocrate américaine, qui est aujourd'hui le premier procureur de l'inéquité du modèle.

On sait aujourd'hui faire la part entre les bons et les mauvais côtés de cette période qui a étendu la rente des pays riches et fait émerger des élites locales prêtes à jouer le jeu de l'économie de marché, mais sans aider là non plus à penser un autre ordre multilatéral qui n'a cessé d'être absorbé par une hyperpuissance peu encline à partager quoi que ce soit, notamment dans la conduite interne des organisations internationales.

L'Union européenne n'a pas tiré pleinement les leçons de ce long compagnonnage politique où elle n'a jamais su imposer vraiment des idées à elle, faire émerger d'autres visions du développement, pas même dans la lutte contre l'apartheid et la réponse aux aspirations nationales naissantes chez les émergents, ni su négocier sa montée en puissance en soutenant des entreprises autonomes ou en protégeant ses fleurons. Toutes ses grandes entreprises sont passées par l'application du modèle managérial conçu et enseigné outre-Atlantique, consacré par le « modèle proctérien » (c'est-à-dire le modèle lessivier faisant de la promotion des ventes l'alpha et l'omega du projet d'entreprise) combinant production de masse, coûts réduits, main-d'œuvre militarisée, publicité envahissante et distribution offensive, en attendant de se faire reconnaître sur le marché américain, point de passage obligé et sésame pour se financer à des conditions que le système financier européen ne pouvait satisfaire pendant longtemps.

En faisant entrer dans la culture managériale hyperbolisée ses manufactures peu productives et affaiblies par des décennies de luttes sociales jamais cicatrisées, les Européens les ont hissées progressivement à un niveau de performance qui viendra plus tard défier, sinon dépasser, le maître américain. Mais il n'y a jamais eu qu'un seul modèle pendant cette deuxième partie du XXe siècle, formatée dans un cadre géopolitique fermé, avec un seul terrain de jeu, des règles non discutées, des intérêts hiérarchisés et des acteurs qui n'avaient que le marché pour patrie, non par défaut de patriotisme, mais convaincus que le progrès économique était l'idéal supérieur.

C'est bien plus tard que la financiarisation du système et l'affirmation d'une différence européenne dans des secteurs très stratégiques comme l'aéronautique, les semi-conducteurs feront réfléchir aux limites de cette subordination consentie.

Il n'en demeure pas moins que sa durée trop longue et sa complaisance encouragée auront fait perdre deux à trois décennies au moins au projet européen. Le redressement que de Gaulle imposa à la France dans les années 1960 pour se constituer une autonomie économique aurait dû être accompli sur le plan européen après lui, si… Aujourd'hui, après la parenthèse trumpiste d'isolement égoïste de l'Amérique et d'abandon de sa responsabilité historique, le temps s'ouvre pour une nouvelle organisation mondiale des règles du commerce, de la finance, de l'alimentation et de la santé, de la culture, de la propriété intellectuelle, de protection de la planète et de sa biodiversité en grand danger et des règles de bonne gouvernance économique. Le G20 devrait être l'instance de partage des orientations par excellence où l'Europe a beaucoup à dire et peut faire enfin valoir ses valeurs, qui sont celles de l'universel, de la solidarité et de l'équité. Elle sait qu'elle se heurtera à une conception conservatrice et mercantile des États-Unis et devra l'assumer sans se braquer, enfin. Face à la culture de l'*imperium* constitutive du projet américain, l'Europe est imprégnée par la théorie de la régulation qui met l'équilibre général au-dessus de l'optimisation des intérêts particuliers, politique et économique à la fois. Nous avons la faiblesse de croire que c'est la seule doctrine d'avenir capable de répondre au développement d'une planète qui doit se mettre à penser le monde dans toute sa diversité et de répondre aux défis systémiques, trop cruciaux pour attendre.

2
Aux racines d'un « atlantisme économique » ou pourquoi les Européens ont-ils abdiqué leur pensée pendant cinquante ans ?

Il est des temps historiques qui conduisent à l'alignement sur les pensées dominantes et d'autres pour s'en émanciper. Il ne sert à rien d'en vouloir à quiconque, car chaque génération a ses fardeaux et ceux qui nous ont précédés, il y a cinquante ans et plus, ne pouvaient raisonner autrement qu'à travers l'exemple des vainqueurs. Mais ce n'est pas une raison pour faire perdurer une situation que rien ne justifie plus, ni notre déchéance du moment, ni leur mérite du moment. Sortir d'une addiction aux valeurs de Hollywood et de Wall Street reste pour les Européens un défi considérable car, au-delà d'un confort mental associé à un confort matériel, le modèle proposé reste fondé sur une représentation du monde manichéenne qui n'a jamais été et ne sera jamais celle de notre construction philosophique séculaire, faite de controverses, de schismes, de rébellions et de réconciliations à laquelle nous devons la vraie liberté – ou comment dépasser le stade religieux, dépassement que la Chine seule, peut-être, partage avec nous.

Nous sommes les enfants du grand marché !

Il faut dire qu'il y en a eu des croisades dans lesquelles les États-Unis nous ont embarqués depuis cinquante ans en travestissant en discours idéologique des intérêts de grande puissance. De la reddition de Suez au suivisme pavlovien inutile en Afghanistan, les Européens se sont avérés incapables de dégager une ligne propre vis-à-vis de l'Amérique pendant plus d'un demi-siècle. On a en mémoire le travail obstiné d'un Willy Brandt pour tenter un rééquilibrage incompris vers l'Est et l'ambiguïté mitterrandienne qui a laissé aux États-Unis le soin de régler les conflits dans les Balkans, faute de pouvoir le faire nous-mêmes. Il faut attendre le refus de Jacques Chirac de rejoindre la deuxième campagne contre l'Irak pour que le vent gaullien souffle à nouveau chez nous ; sa rupture avec Tony Blair engage le décrochage anglais et met fin à sa tentation esquissée de s'arrimer un temps à la géopolitique continentale, pour autant que les Anglais y aient jamais cru.

Il y avait plein de bonnes raisons stratégiques à cela, surtout si on n'omet pas de considérer l'alignement parallèle, pro-soviétique celui-là, d'une extrême gauche et d'une gauche longtemps abritées derrière Moscou dans une doxa habillée de bonnes intentions prétendument « prolétariennes ». Il faut attendre les appels des Sakharov et l'âme irréductible de Soljenitsyne, puis l'invasion de Prague pour revenir aux sources des valeurs européennes permanentes que Havel et Kundera nous ont rappelées vertement. Le balancier opposant de façon caricaturale les mirages californiens aux dénonciations des goulags a tétanisé la culture européenne pendant une génération ; elle ne recommence à penser par elle-même que depuis les thérapies des nouveaux philosophes et la redécouverte dans notre littérature et à travers les combats émancipateurs de Michel Foucault, Gisèle Halimi ou Costa-Gavras qu'un autre art de vivre est possible, voire préférable aux idéologies dominantes, à condition de nous libérer de nos conservatismes culturels.

Ce carcan manichéen fut psychologiquement paralysant ; en sortir fut une gestation douloureuse qui est plus redevable à la nouvelle gauche et aux libertaires qu'au retour d'une pensée enracinée dite « chrétienne-démocrate », qui n'a réussi nulle part à installer une « troisième voie durable », se perdant dans une solidarité atlantiste dont elle ne s'est jamais remise. Qui n'a pas cru que l'échec du référendum sur la Constitution européenne condamnerait à jamais une vision géopolitique européenne s'appuyant sur un inventaire remarquable de notre identité et de nos valeurs ? Cela aurait pu être le grand testament de Valéry Giscard d'Estaing, légué par un vrai chef d'État audacieux à une Europe conservatrice et peureuse n'ayant pas fini sa convalescence. En fait, la graine fut semée pour de bon et le paradoxe est que l'ambition a vu de nouveau le jour par la voie parlementaire, comme si nous avions ressenti une fois encore la nécessité de dire non au grand jour pour retisser en catimini les fils d'une autonomie que l'insolence anglaise nous a obligés à assumer sans trop le dire, pour de bon et pour longtemps cette fois-ci. Nos gouvernances démocratiques, toutes nées « par le fer et par le feu », ont repris conscience que leur responsabilité était de gérer une autonomie économique devenue réelle, dès lors que nous avions sauté le pas incroyable d'une monnaie commune au cœur de cette zone fratricide ; tenté cent fois avant, l'euro a été le facteur déclencheur d'une autre psychologie collective, comme quoi l'économie commande le reste.

Ce séquencement donne tort à tous ceux qui ont essayé, par l'armée d'abord, par les institutions ensuite, par la culture parfois, d'enclencher un processus unificateur forcé. On ne rendra jamais assez hommage à Jacques Delors, qui a osé, de façon contre-intuitive pour un pur social-démocrate, de rapprocher les esprits européens à travers l'idée et la pratique du marché. C'est une leçon fondamentale, qui démontre que la confiance entre des peuples, frères et meurtris à la fois, naît plus volontiers d'une pratique des échanges pacifique et utilitaire, dont les mœurs s'entremêlent, que de rêves scandés et de fantasmes orchestrés. Ce creuset modeste est bien celui qui inspire désormais nos sociétés et qui ne cessera pas de s'ancrer dans des engagements pour la nature, la pacification, la quête de justice, de santé aussi, conception féminine enfin et profondément solidaire, dont nous avons fait désormais notre idée intime du bonheur en Europe. Ce qui suppose que ces valeurs tranquilles trouvent un cadre économique qui les protège et les exprime; la vérité du projet européen repose donc sur la cohérence indispensable entre la réalité de ce cadre et cette formule du bonheur.

Cette sagesse venue sur le tard doit relativiser les leçons que nous sommes prompts à donner aux autres nations, nombreuses de nos jours, à préférer les protectorats ou l'autoritarisme, n'ayant pas la maturité ou la prospérité suffisante pour réussir à s'organiser par elles-mêmes. L'Europe n'a pas assez de recul pour se draper dans l'exemplarité politique, en quête elle-même des moyens démocratiques de faire respecter son propre État de droit. Son défi est bien d'y parvenir vite pour faire oublier sa gestation éléphantesque et pouvoir inventer une nouvelle vision démocratique équilibrée, reposant sur des pratiques vertueuses plus que sur des idéologies déjugées. Et, évidemment, l'invention politique et l'invention économique vont de pair, tant il est vrai que c'est l'économie qui donne les moyens de l'indépendance, plus que jamais.

En revenant sur cette page d'histoire européenne que fut ce temps trop long de la reconstruction et de l'émergence d'une conscience politique continentale autonome, on situe quels sont les facteurs explicatifs d'une dépendance économique imposée qui s'est muée malheureusement en une idéologie de l'imitation dont on n'est pas encore sorti tout à fait. Le premier fait fondateur fut évidemment l'état de retard matériel dans laquelle l'Europe s'est trouvée face aux États-Unis au moment où l'engrenage militaire s'est emballé, sans qu'aucune force de rappel civilisatrice ne fonctionne. Nos économies avaient toutes besoin de faire repartir les chaînes de production après la crise, mais nos faiblesses étaient plus structurelles encore de ce côté-là de l'Atlantique. Nous n'avions pas résolu la question sociale, qui est devenue en Europe le socle d'un contre-pouvoir politique, avec ses idées et ses acteurs puissants, ruinant une cohérence de société indispensable dans un régime démocratique fragile. L'autre fait réside dans la sociologie de notre capitalisme d'avant-guerre, composé largement d'héritiers, fortement solidaires du conservatisme politique et obsédé par l'exercice de son pouvoir, très différent (aujourd'hui encore!) des entrepreneurs inventeurs et des capitalistes philanthropes qui ont mené les États-Unis à marche forcée en tête de toutes les révolutions, du rail, de l'électricité et de l'automobile. On n'omettra pas de considérer non plus que la géographie d'avant-guerre, opposant des nations moyennes en conflit larvé permanent et surpeuplées à un empire unifié et regorgeant de ressources, attirant encore les rêves de tous les pauvres et réfugiés du monde, a fait la différence. Le retard économique de l'Europe fut le tremplin de la relance industrielle américaine dès que celle-ci a installé son leadership mondial, ce qu'une Russie dévastée et sans grande base industrielle ne pouvait aucunement lui contester par la suite. Il s'est ensuivi la conviction ancrée au plus profond des âmes européennes que la prospérité était le salut et que ne valaient que les régimes capables de l'offrir à ses enfants.

Au nom d'un suivisme matérialiste légitime, l'adhésion à un modèle occidental de plus en plus « cocacolisé » devenait irrésistible.

La supériorité historique américaine s'est transformée en un système, car elle a continué de servir son rêve de puissance, ayant un seul adversaire comme moteur et aucun partenaire comme frein, de la guerre froide à la chute du mur et au-delà; nous l'avons accueilli avec beaucoup de soulagement d'abord, une grande complicité ensuite, y trouvant des avantages inespérés et des correspondances culturelles portées par une nostalgie d'un monde perdu ici, mais bien vivant là-bas. Les efforts d'un Jean Monnet pour reconstruire après-guerre une économie européenne propre ne s'appuyaient-ils pas sur une conviction sincère que ce qui faisait la force de l'Amérique devait redonner à l'Europe les bonnes méthodes pour sa nouvelle économie? Le capitalisme libéral a pris son envol dans cette reconnaissance d'une évidence que ses modalités qui ont fait le succès de l'Amérique feraient le succès de l'Europe, avec les outils qui sont les siens et ses idées efficaces, qu'il s'agisse du financement par la Bourse réservée aux rentiers, de l'effet de taille inhérente à toute production de masse, de l'autorité managériale sans partage, de l'absence de contre-pouvoirs sociaux, comme de la promotion aveugle des techniques et des produits, cadeaux d'une nature sans limite et d'une espérance de niveau de vie que rien ne doit arrêter.

Le talent américain a été de savoir formaliser très tôt les clés de succès de cette industrialisation, pensée pour la guerre, en méthode pour réussir la *pax americana*; ses économistes de l'entreprise, de Peter Drucker à Michael Porter, repensant toutes les théories d'avant-guerre de l'organisation douce selon Fayolle, auront modélisé et systématisé une science dite du « management » qui explique enfin comment on optimise la ressource – achetée la moins chère possible dans un rapport de négociation inversée – en fixant des prix de vente rémunérateurs, le plus possible, en stimulant la demande par la réclame, avec des marques chantantes idéalisées, théorisée par Ogilvy pour des générations. Ils auront énoncé comment on augmente à la fois la solvabilité des populations ouvrières, juste ce qu'il faut, tout en les fidélisant dans des modes de consommation qui deviennent les symboles d'une promotion sociale, d'une société libératrice et de lendemains meilleurs, sur la route d'un enrichissement promis à tous et euphorisant. On a construit pour cela des campus magnifiques qui ont enseigné ces méthodes de la réussite, fondés sur la valorisation de cas qui sont devenus eux-mêmes les bases d'une reproduction du jeu, sans cesse amélioré. Le « modèle proctérien », dit « lessivier », caractérise cette systématisation pour faire des affaires : le but va glisser progressivement de l'accroissement des biens disponibles à l'augmentation du résultat pour le résultat et on n'hésitera plus à considérer que si on sait ainsi multiplier les achats de produits par les ménagères, il n'y a pas de raison de ne pas appliquer ces recettes miracles au reste, comme les médicaments, le cinéma, les placements et, bientôt, les hommes politiques !

La croyance dans une croissance sans limite et sans impact est devenue l'idéologie du succès des Occidentaux

La machine à produire aura fonctionné avec un succès immense porté par une somme d'inventions inégalées et une démocratisation réelle de la richesse, au profit des classes populaires devenues en partie des classes moyennes, avant que la majorité d'entre elles ne régresse sous la pression des délocalisations systématiques vingt ans plus tard. Les Européens ont été parmi les premiers contempteurs de cette deuxième libération portée par les armées de frigidaires et d'automobiles, dont de Gaulle reconnaissait lui-même en 1965 à ce sujet qu'il n'y avait pas de puissance véritable sans qu'elle serve les ménagères. Pour autant, ces Trente Glorieuses, qui ont légitimé un capitalisme à vocation de masse, que la Chine a reproduit à sa manière trente ans plus tard, engendraient déjà des externalités négatives dont personne n'avait conscience ou ne voulait se préoccuper pour ne pas casser le jouet, emballé dans une idéologie béate qu'Herbert Marcuse, puis bien d'autres philosophes commenceront à démonter au nom de ses défauts pourtant visibles : une économie pétrolière et minière fondée sur la corruption, l'exploitation des pays miniers et leur manipulation politique, des abus de position des firmes occidentales et des spirales de production produisant des atteintes à la santé, à l'environnement, l'endettement et à la dépendance des émergents – qu'on appelait les pays sous-développés. La firme multinationale est un concept que l'Amérique a consacré à cette époque, sous la protection sensible de son drapeau, et a idéalisé en symbole d'une diffusion de progrès et de bienfaits dont il ne fallait pas douter. Rien ne les distinguait vraiment des compagnies coloniales d'avant. Il faudra attendre

« le scandale ITT », c'est-à-dire l'ingérence de la firme américaine contre le gouvernement Allende, et la dénonciation de leur interventionnisme politique en Amérique latine et surtout l'embargo contre l'Afrique du Sud raciste pour qu'une réflexion juridique commence à poindre sur les droits et devoirs de ces firmes. Le résultat est une prise de pouvoir de ces puissances commerciales sur des États faibles en dehors de toute réflexion démocratique. Cette fuite en avant a produit la première révolte d'opinion que fut en 1976 la conférence environnementale de Stockholm, préfiguration des Sommets de la Terre, dont le premier d'entre eux, Rio, en 1992, ouvre le cycle d'un contre-capitalisme critique qui ne va cesser de chercher à concilier ce progrès économique, aspiration universelle plus que jamais justifiée, avec un progrès social et environnemental dont ne se préoccupaient pas les managers triomphants. La compréhension de ce déni est majeure pour les générations actuelles, car il ne résultait pas d'une organisation complotiste démoniaque et ploutocratique, comme la critique marxiste l'a fait croire pendant des décennies, mais bien plutôt d'une culture de conquistador autojustifiée et d'une ignorance humaine crasse, stimulées par une mythologie de la Mercedes et du Hilton qui a fait reconnaître l'esprit de lucre comme l'accomplissement de la réussite sur terre. Les Européens sont ainsi devenus les élèves zélés des *business schools* américaines, nouvelles abbayes psalmodiant le culte du bilan et du productivisme, sans jamais s'interroger sur les sous-jacents politiques et culturels de cette croyance addictive.

Nos écoles de commerce créées au début du siècle sur l'idée d'encourager le développement du pays – Sciences Po fut conçu en 1871 au service du redressement national et non pas pour former les employés de la JP Morgan – ont tôt fait de se mettre au service de ces machines à produire et consommer que deviendront les entreprises, comme si leur propre succès entraînerait automatiquement celui de nos sociétés et de nos intérêts. La problématique que pose ce suivisme culturel n'est pas l'idée de former les meilleurs à l'économie nouvelle, intention salutaire s'il en est, c'est bien la cécité avec laquelle l'élite de l'époque, voire actuelle, embarque l'outil de formation dans l'application d'un modèle auquel elle s'abstient de réfléchir dans toutes ses dimensions et dont elle ne se demande pas qui il sert vraiment et où seraient nos différences légitimes. Sciences Po, fondée pour former les cadres dirigeants à la *res publica*, s'est fixée la croissance internationale comme stratégie depuis vingt ans ; c'est l'exemple emblématique d'une formation qui n'aurait jamais dû quitter sa vocation française, devenant naturellement européenne, en faveur des savoirs de bonne gouvernance publique, au lien de singer la London School Economics (LSE) ou de courir derrière HEC, qui se sont dédiés à la conduite la plus rapide des entreprises multinationales les plus rapaces, sans jamais se poser de question sur la place et le droit des firmes dans un monde inégal et fragile. L'absence de réflexion critique dans ces « thébaïdes du profit » sur la voie que prenait le jeu capitaliste mondial explique qu'elles sont aujourd'hui dramatiquement absentes dans l'enseignement du développement durable ; ce sont leurs étudiants qui les pressent désormais à s'interroger sur l'éthique et l'utilité de l'économie d'entreprise qu'elles enseignent, ne correspondant pas au monde dans lequel ils souhaitent s'accomplir. L'association des étudiants pour un réveil écologique, prônant dans les campus le boycott des sociétés non durables, a eu plus d'effets sur les dirigeants que les campagnes des ONG qu'ils n'écoutaient plus !

L'idéologisation des modèles de développement devient un problème majeur lorsque les enseignants et les enseignés sont privés d'une capacité scientifique et philosophique à s'interroger sur la marche des choses. Les professeurs de management européens n'auraient jamais dû abdiquer leur droit d'inventaire dans le champ même de l'économie libérale, en considérant que le travail critique intense fait contre le marché et ses thuriféraires par les écoles de pensée post-marxistes suffisaient à nourrir une contre-pensée dont ils n'ont pas tenu grand compte par ailleurs. C'est ainsi qu'on a vu tout un courant d'enseignement de la gestion en France partir en guerre contre les premières démarches de responsabilité d'entreprise, sous prétexte qu'elles menaient à une privatisation de l'intérêt public, alors qu'elles n'étaient qu'une tentative partielle intéressante de correction des impacts économiques. On a méprisé les entrepreneurs sociaux et célébré les champions du CAC40, portant même aux nues ceux qui savaient licencier sans état d'âme, seule vraie façon de gagner des galons de capitaines d'industrie aux yeux de leurs pairs. Il a fallu attendre très récemment que les professionnels de la finance durable atteignent une taille critique pour que les enseignants lui accordent une reconnaissance qui leur semblait usurpée jusqu'ici, tant elle remettait en cause les dogmes de la finance pure. L'auteur se souvient des commentaires ironiques répétés du directeur de HEC qui considérait que les évolutions réclamées ici et là en faveur d'un capitalisme responsable étaient sans intérêt pour ses étudiants tant que les consommateurs n'en prennent pas la tête. Et tandis que nos sociétés perdaient de plus en plus confiance dans un progrès qui ne fut ni distribué justement, ni attentif à ses conséquences, nos entreprises gagnaient de plus en plus d'argent et constituaient des tribus à part, privilégiées, dans l'orbite du marché mondial dont l'astre était à New York, vivant leur vie heureuse sans trop se préoccuper de ce qui se passait désormais autour d'elles. L'Europe aura réussi une formidable internationalisation de son activité, imbriquée totalement dans le business américain, en abandonnant tous ses complexes et ne s'imaginant plus différente. Elle a refusé de penser par elle-même ses mécanismes économiques et ses entreprises, comme si le monde était devenu simple, unique, sans défaut, sous la gouverne de Wall Street, la seule qui vaille, jusqu'à la crise de 2008 qui failli mettre à terre tout l'édifice.

Mais pourquoi aurait-il fallu inventer un modèle européen différent ?

Si on accepte l'axiome selon lequel il n'est pas de modèle économique en soi et que celui-ci ne peut être que le produit d'un contexte socio-économique, pétri par une matrice de valeurs et de contraintes politiques, on comprend pourquoi l'Europe a mis tant de temps à se faire une autre idée de l'entreprise que la « machine à cash » qu'on enseigne à Harvard. Le rendez-vous de l'Europe avec son destin, inauguré par le traité de Rome, aurait-il pu être le sursaut pour une classe économique dominée qui aurait vu là une chance extraordinaire de s'affirmer et de proposer sa voie dans le concert occidental de l'époque ? En n'imaginant la reconstruction que comme une jambe de force de l'empire américain, sans se poser la question du modèle et sans s'interroger plus avant sur ses propres valeurs culturelles, alors qu'on ne lui en demandait pas tant, la communauté économique européenne a pris un demi-siècle de retard dans l'affirmation de ses intérêts et dans la délivrance d'une réponse appropriée à nos concitoyens, motivés par une autre vision.

Au début, le patronat européen aura été, en France notamment, un frein, sceptique et même réfractaire, à l'ouverture des marchés et à l'établissement de cadres commerciaux continentaux au début de l'aventure européenne, craignant de ne pouvoir affronter le dollar, les droits de douane et l'efficacité managériale de face. Si la conversion eut lieu beaucoup plus tard, afin de bénéficier du grand marché et de l'unité de la politique commerciale extérieure, le même patronat a été la plupart du temps réticent à la constitution de groupes européens, chacun préférant garder en son pré carré des champions nationaux, aidé en cela par une politique communautaire de la concurrence qui n'a pas vu venir la compétition chinoise, ni la dimension mondiale du terrain de jeu. Regroupé dans Business Europe, le patronat européen préfère désormais l'Union européenne à ses concurrents étrangers, mais il est étonnant de constater qu'il s'est opposé systématiquement, jusqu'à aujourd'hui encore, à toutes les mesures de régulation en faveur d'une responsabilité sociétale, comme s'il ne pouvait s'imaginer être différent et défendre d'autres valeurs que celles du tout-marché auxquelles il a été biberonné. Seule exception, la courageuse fusion de l'industrie aérospatiale européenne, en vue de constituer le GIE puis l'entreprise Airbus, qu'on doit par-dessus tout à des dirigeants visionnaires, Jean-Luc Lagardère, Louis Gallois, Henri Martre, qui ont osé affronter la puissance américaine dans un champ régalien par nature non dénué de risques de rétorsion comme on n'a cessé de le vivre par la suite. Ce contre-exemple du conservatisme patronal européen en dit long sur le manque d'audace intellectuelle et politique de la communauté des affaires européennes qui a privilégié plus souvent le parapluie américain sur le splendide isolement communautaire.

Notre thèse est que cette non-prise en main économique de l'Europe par elle-même s'explique par un suivisme culturel béat des patrons de l'époque, soumis à une fascination pour la taille et la rentabilité des groupes américains, qui les a conduits à investir outre-Atlantique, ce qu'ils ont réussi à faire en nombre, donnant ainsi un passeport international à un génie industriel retrouvé loin de leurs bases locales qui ne les motivaient plus. Beaucoup y ont laissé des fortunes aussi. Leur origine publique pour beaucoup, leur culture corporatiste souvent, les liens existants avec les marchés émergents auraient pu susciter un patriotisme économique européen de leur part, mais ce ne fut pas le cas. Certes, ils furent peu encouragés pas une doctrine bruxelloise qui se gardait de marier des champions européens et qui préférait s'adosser à l'Oncle Sam, tuteur rassurant et sérieux. Force est de constater que le partenaire américain a su en tirer un grand avantage, faisant de son maillage financier, comptable et juridique, informatique, de conseil, en stratégie notamment, le plus sûr moyen de penser comme lui, avec lui ; gare à qui s'y opposait, si on se rappelle l'échec du plan calcul français, le compromis passé sur la filière nucléaire et la guerre des semi-conducteurs qui fut vite perdue. Nos pépites ont toutes été rachetées !

Ce clonage culturel convenait bien à l'élite européenne qui ne s'interrogeait jamais sur les implications à terme de cette situation, ni sur la nature réelle de ce capitalisme qu'aucune prétention européenne n'a jamais ébranlé, tel un chat s'en prenant à un ours, fussent les succès intellectuels de Viviane Forrester (*L'Horreur économique*)[1] ou de René Dumont (*L'Utopie ou la Mort!*)[2], pour ne pas parler de la critique civilisationnelle de Régis Debray, de Roland Barthes ou de Gilles Deleuze qu'on situait dans un ailleurs littéraire et historique. Ses vraies mises en cause seront le fait des économistes américains eux-mêmes, John K. Galbraith, Dennis Meadows, qui ont instruit progressivement le procès du système, au regard de ses dérives de pouvoir et de ses inégalités croissantes. *Halte à la croissance?* (en anglais *The Limits to Growth*)[3], publié à la suite du deuxième choc pétrolier, fut un signal d'alerte venant du cœur du réacteur qui déclencha un mouvement reaganien inverse par lequel l'école de Friedrich Hayek se décida d'abattre pour de bon l'État-providence: il fallait renforcer la profitabilité et l'hégémonie du système pour qu'il conserve son effet entropique, ne devant laisser aucune chance aux idées saugrenues qui venaient à faire douter d'un cycle d'enrichissement jamais vu dans l'histoire (avant celui de la Chine qui démarrait). Et les Européens ne furent pas les derniers à serrer les coudes, ne voulant pas voir les fractures qui commençaient à s'ouvrir de part et d'autre de l'Atlantique, sur le terrain des droits humains, du droit des femmes, de l'indépendance des émergents, trop occupés qu'ils étaient à consommer des produits de moins en moins chers et à se mettre dans la roue de multinationales de plus en plus apatrides. Parce qu'on avait adopté le même système économique, il fallait penser et vivre comme les Américains, sans aucun droit d'inventaire, sans rien mettre en question.

1. Viviane Forrester, *L'Horreur économique*, Paris, Fayard, 1996.
2. René Dumont, *L'Utopie ou la mort!*, Paris, Seuil, 1973.
3. Dennis Meadows, Donella Meadows et Jorgen Randers, *Halte à la croissance?*, Paris, Fayard, 1972.

Seule innovation de modèle en cinquante ans : le double projet d'Antoine Riboud, une co-détermination à la française, restée marginale

Toute l'histoire de l'entreprise depuis l'organisation scientifique du travail (OST) jusqu'au *lean management*, en passant par la somme des démarches qualité, ne vise qu'un seul objectif: économiser de la ressource, capital et travail, en vue de maximiser un résultat final dont la décision de répartition est sous la direction monarchique du manager propriétaire. Et quand il s'est agi de multiplier les budgets de marketing et de promotion pour agrandir le caddie, c'est parce qu'on pensait qu'une moitié au moins de ces dépenses nouvelles était efficace auprès des consommateurs qui rêvaient d'avoir deux voitures, leur maison individuelle, tous les arts ménagers à disposition et bientôt les loisirs pas chers au bout du monde. Très vite, l'équipement numérique ouvre un nouveau cycle de croissance. Le sens de tout cela n'était discuté que dans les sphères critiques marginales, autour de Herbert Marcuse, d'Ivan Illich, les vrais pères de Mai 68; jamais un dirigeant d'entreprise, américain ou européen, lesquels étaient devenus substituables, ne s'aventurait à penser le bonheur en dehors de ce modèle ou à considérer qu'on puisse faire autrement. Rien de cette croissance gaspilleuse n'était inévitable et rien ne fut évité dans la course au PIB.

Ce contentement matérialiste explique pourquoi on a mis tant de temps à imaginer ensuite qu'il puisse être possible de réussir autrement qu'avec les méthodes qui faisaient leurs preuves aux États-Unis, dans un périmètre qui n'était pas complémentaire du jeu américain et qu'il y avait peut-être une autre façon de penser l'entreprise que selon les dogmes incontestés de Milton Friedman devenu le théoricien nobélisé d'un capitalisme actionnarial en plein emballement. Seul à voir venir cette dérive, le patron français de Boussois-Souchon-Neuvesel (BSN), Antoine Riboud, a osé sonner l'alarme devant ses pairs, en 1972, avant la sortie du Rapport du Club de Rome, appelant à un double projet économique, mais aussi social, suivi ensuite par le fondateur d'Axa, Claude Bébéar plus tard, qui dénonce la financiarisation à outrance dans un livre fameux *Ils vont tuer le capitalisme*[1] et qui créé Entreprise et Cité ; ces grands capitaines visionnaires, comme le furent aussi Olivier Lecerf, promoteur de l'éthique au sein de Lafarge, Gilbert Trigano, inventeur d'un concept de tourisme partagé, observaient bien le décrochage grandissant entre la « nouvelle société », devenue explosive, et une certaine conduite de l'entreprise, marionnette sous la coupe des pygmalions de Wall Street échappant à son cadre humain originel.

La culture critique européenne n'a même pas servi de corde de rappel dans une communauté uniforme qui rejetait toute mise en cause, parce qu'il fallait aussi que le monde actionnarial sauve sa peau face à un monde syndical devenu très puissant en Europe. On ne peut pas dissocier l'histoire du capitalisme de l'histoire de l'État et de la société civile qui le porte et l'utilise, de leur rapport à la propriété et aux valeurs de réussite sociale, ce qu'on savait depuis Venise et la période des villes hanséatiques. Mais on pouvait imaginer que cette vieille terre spirituelle qu'est le continent européen, retrouvant depuis peu une identité et une destinée, s'affirme plus vite et se pense une vie économique future au

1. Claude Bébéar et Philippe Manière, *Ils vont tuer le capitalisme*, Paris, Plon, 2003.

regard de ses valeurs fondamentales et de son intérêt pour l'organisation de la cité et les aspirations de justice de ses nouvelles générations.

Trente ans après la chute du rideau de fer, la société continentale européenne sait qu'elle est au seuil d'un siècle nouveau qu'elle aborde désormais riche et robuste, mais cernée de risques inédits qui la défient, bien au-delà de son enjeu de prospérité matérielle. Il lui faut se positionner autrement, faire des choix pour ne plus produire certains biens, de certaines façons et pour certains seulement. Il lui faut ne pas se perdre dans la remise en cause d'un succès qui affiche de plus en plus de failles et d'accusations fondées et se consacrer à la reconstruction d'un modèle pour lequel les ressources restantes et les nouvelles générations lui accordent peu de marges de manœuvre. Il lui faut inventer alors même que sa matrice originelle fait tout pour continuer (presque) comme avant. Passer de l'économie du pétrole à celle des énergies propres est un changement civilisationnel beaucoup plus que technique ou économique. Écartelée pendant deux siècles par le défi des revenus à partager qu'on avait cru régler pour de bon à travers les politiques redistributives, nos sociétés doivent désormais aborder la grande question du partage de la valeur créée, c'est-à-dire des logiques de formation des patrimoines, remise au jour récemment par la CFDT qui ne la voit pas comme un partage du risque actionnarial, mais comme un rééquilibrage des intérêts entre les acteurs de l'entreprise, fondé sur une recherche de justice et de transparence qui sont deux bonnes raisons de changer les choses.

On avait cru arriver à la fin du XXe siècle à la « fin de l'économie », complémentaire de la fin de l'Histoire. Et voilà qu'on se retrouve avec un chamboulement inédit de toutes les formes de production et de consommation, devenues intenables pour beaucoup, sinon inacceptables, causes ou conséquences d'un chamboulement géopolitique et culturel où ce sont nos idéaux du bonheur, de la démocratie et du sens du travail qui sont remis à plat dans un immense concours à idée où nous jouons à nouveau notre liberté. Et cette révolution va se dérouler autant dans l'entreprise que dans nos institutions, sachant que le glas de l'entreprise apatride et sans racines a sonné ; nos institutions démocratiques ne veulent pas la diriger, mais demandent qu'elle assume pourquoi et pour qui cette entreprise doit devenir une communauté exemplaire, fabrique d'une nouvelle idée du bonheur humain. L'Union européenne, qui revoit tous ses cadres de régulation économique, s'est lancée ainsi ce défi de penser pour la première fois de son histoire un modèle voulu. Mais peut-on penser d'abord puis faire ensuite le modèle qu'on veut ou n'est-ce pas l'inverse qui se passe ? Nous sommes les seuls à nous poser cette question dans le monde contemporain.

3
L'Europe sait qu'elle entre dans un monde radicalement différent, mais en tire-t-elle les conséquences pour son modèle économique ?

Si on cherche des signaux encourageants, on les trouve parfois dans des situations inattendues ! Comme l'annonce récente osée par le président de Total qu'il se détachait de l'organisation des pétroliers américains, le saint des saints de l'or noir, l'Opep des opérateurs. Pas assez engagée dans l'accord de Paris et pour le climat. À quoi lui fait écho le président de BNP Paribas qui refuse désormais tout financement ayant un lien avec la déforestation et tant pis pour ses intérêts au Brésil. Ce ne sont pas là des anecdotes, mais bien quelques-unes des décisions que se forcent à prendre nos multinationales pour rompre avec un monde dont elles savent qu'il n'est plus compatible avec l'orientation de nos sociétés. Trop tard, trop lent, diront les ONG. Allez jusqu'au bout, entonnent les citoyens !

La société européenne a basculé plus vite que les autres dans l'après-croissance, mais ses dirigeants le veulent-ils ?

En 2015, la diplomatie française est parvenue à réunir l'ensemble des pays du globe membres des Nations unies, pour traiter en commun un problème universel, le réchauffement climatique, pour sa part dû à l'activité humaine, entraînant un effet de serre physique bien mesuré désormais quant à ses conséquences pour la vie terrestre. Jusqu'au dernier moment, le passage d'une formule au futur à une formule au conditionnel (*should* au lieu de *shall*, à la demande de John Kerry) a failli susciter le refus des États-Unis, lesquels se retirent officiellement de l'accord un an après de toute façon. Avant de revenir sur ce retrait quatre ans après sous la pression d'une société civile qui a fait basculer le rapport des forces politiques. Cette situation n'est pas à part : de Hong Kong à Beyrouth, de Minsk à Alger, avec plus ou moins de succès, les expressions spontanées de la société civile portées par les réseaux sociaux font et défont les équilibres politiques et s'imposent comme des forces déterminantes. Parfois pour le pire, sous le coup de pulsions fanatiques ou manipulées, parfois pour le meilleur, dans l'intérêt de mesures de justice espérées. Nos régimes politiques vivront désormais sous la pression de ces phénomènes sociétaux-numériques qu'ils devront apprendre à faire rentrer dans un ordre démocratique ou qu'ils réprimeront en se fermant au monde, tendance qui semble l'emporter de plus en plus. Le XXIe siècle s'est ouvert avec une pandémie mondiale qui a forcé tous les dirigeants à répondre d'abord à la demande de santé des opinions et ensuite aux conséquences économiques induites ; ils restent sous la pression de cette « force civile digitalisée » dont on n'a pas fini de subir la puissance croissante, partout, même de la part de ceux qui aimeraient la contrôler complètement. Twitter a remplacé les pavés mais les colères n'en sont pas moins déstabilisatrices.

Derrière ce phénomène, comparable à l'émergence des nationalismes au XIXe siècle et à la demande de démocratie au XXe, il y a un regard angoissé posé sur le monde actuel, fait de la peur du dérèglement climatique, de l'humiliation provoquée par les inégalités croissantes, avec des écarts jamais vus jusqu'ici, et d'une revendication de gouvernance plus soucieuse d'un jeu collectif que d'un repli sur son clan. Elle hante nos enfants.

Cette peur déstabilisatrice s'appuie largement sur une demande, si longtemps et si largement occultée, de respect des femmes, qui s'universalise progressivement à travers des combats individuels héroïques. Elle se nourrit du refus de la fatalité de la part de la jeune génération. Bien que née dans un contexte de croissance, la jeunesse est éprise de valeurs de partage qui questionnent le succès matériel au regard de solidarités qui lui semblent plus importantes. Mais cette nouvelle culture universaliste a un adversaire, l'économisme, ou la priorité accordée au profit dans toute activité, incarnée par la grande entreprise qui impose non la culture du résultat ou de l'efficacité, largement partagée, mais qui en fait la finalité unique du travail. Face à quoi une dynamique positive réagit comme elle peut contre un populisme et des mouvements illibéraux de plus en plus nombreux qui font tout pour revenir au conservatisme catégoriel et à un autoritarisme centralisateur, dont on pense qu'il empêchera le déclassement, fût-ce par la force. Cette culture de changement, qui défile pacifiquement dans les rues d'Alger et plus violemment dans celles de Dakar, de Rangoon, qui n'attend qu'à s'exprimer dans celles d'Istanbul et de Rio, nous prépare des convulsions générales qu'on voit venir partout. Elle devra concilier son optimisme avec la gestion complexe d'enjeux qui perpétuent le tragique de l'Histoire, lorsqu'il s'agit de passer du pouvoir religieux au pouvoir civil, de gérer les vagues migratoires, de canaliser les fanatismes et la violence civile, de créer des passerelles efficaces à tous les niveaux de la démocratie représentative devenue déceptive et peu efficace et de faire accepter des changements de modes de vie qui, au nom de la rareté des ressources, induisent plus de sobriété et moins d'ostentation, mais aussi une réduction des emplois de masse sur lesquels s'est construite la distribution des revenus jusqu'ici.

Or, lorsque l'État-providence n'est pas ou n'est plus, on ne peut pas se tourner vers l'entreprise providence qui n'existe nulle part. Quand la solidarité n'est plus là, on a en face de soi une entreprise qui cultive le sauve qui peut pour les siens uniquement. L'entreprise capitaliste ne sauvera pas la démocratie dont elle n'a pas fait sa « raison d'être ». Les démocraties restent seules face à leur mise en cause. Du moins dans l'état des modèles actuels où l'on a demandé aux actionnaires de s'enrichir et d'en faire profiter (un peu) les autres. Mais jusqu'à quand cela tiendra-t-il et est-ce vraiment ce que veulent les Européens ?

Le temps est loin où ce qui était bon pour General Motors était bon pour le monde

Il y a un legs du modèle américain qu'on a été fiers d'importer et d'appliquer les yeux fermés en copiant leur management, comme si le concours du meilleur patron était chez nous à qui serait le plus américain dans sa méthode, son discours, sa critique de l'État et la moquerie des syndicats :

ce qui est bon pour General Motors, Coca ou Apple est bon pour le reste du monde car le but est de vendre, de faire de l'argent, de l'image aussi ; le classement du meilleur patron de Harvard est fondé sur la montée de l'action pendant son mandat, même si 20 % de la note intègre désormais la performance RSE. Or, y a-t-il un mécanisme plus hors société que la valeur actionnariale ?

Personne n'a oublié la fameuse prédiction de Serge Tchuruk, patron sphynx d'Alcatel, leader des télécommunications dans les années 1980 qui finira vendue à Nokia, nous annonçant « un monde industriel sans usine ». Cette fuite en avant a laissé nos sociétés européennes avec une béance de solidarité qui a entraîné le désespoir de la classe moyenne-moins ; à juste titre, elle ne croit plus dans le salariat pour la vie et voit dans les grandes firmes une caste de privilégiés qui ont abusé de la situation et qui ne lui tendra pas la main, à elle et à ses enfants. Cet abandon a été très drôlement et pathétiquement mis en image par François Ruffin dans *Merci patron !* (2016), qui raconte l'écartèlement définitif de deux mondes, celui de la *world company* triomphante et celui des territoires en déshérence humaine. La mondialisation à outrance a trahi les espérances des enfants d'employés et d'ouvriers alors que leurs parents en avaient bénéficié, surtout lorsqu'on allait les chercher « au bled » pour faire tourner les chaînes automobiles. Mais la trahison d'une activité d'origine nationale fait plus mal que celle d'une activité appartenant à des Américains, pour laquelle l'opinion européenne n'a plus d'illusion, ni même d'estime, alors qu'on rêvait de rejoindre IBM ou General Motors, un temps au firmament des bienfaiteurs de la société matérialiste, avec le mécénat en plus.

Ce retournement des valeurs à l'œuvre tout particulièrement au sein des sociétés européennes traduit un double mouvement d'inversion de nos centres de gravité : celui évoqué d'un constat de trahison par le business américain devenu exploitant de comptoirs coloniaux dont on a compris qu'il n'y avait plus rien à en attendre et celui d'un monde qui n'obéit plus aux canons des majors pétroliers, au désir de deux voitures par ménage et à l'abus des sodas sucrés qui font grossir, pour lequel on ne veut plus travailler douze heures par jour pour des revenus qui n'augmentent jamais. Non seulement les jeunes Européens ne rêvent plus des campus californiens, mais ils ont compris que le monde d'avant courrait à sa perte ; ils rêvent d'un changement de trajectoire. Cette conversion est bien enclenchée en Europe ; meilleure preuve, ces 40 000 signatures réunies par les étudiants des grandes écoles qui ont écrit aux dirigeants d'entreprise pour leur dire qu'ils ne veulent plus travailler dans des entreprises qui ne seraient pas sérieusement engagées en faveur des questions planétaires. Le courant ne passe plus et on n'est pas loin du black-out. Seuls les conseils d'administration n'y croient pas.

Une autre façon de vivre ensemble émerge de Stockholm à Milan, plus lente, plus naturelle, plus sobre et plus solidaire

Si l'Europe s'est emparée maintenant depuis une dizaine d'années de cet autre monde, dans ses espérances sinon dans sa réalité quotidienne encore, c'est aussi parce que les baby-boomers post-Seconde Guerre sont arrivés en fin de pouvoir et qu'ils terminent leur vie confortablement, mais avec un bilan hautement critiquable. Confrontée à la perte de sa base populaire, à la mise en cause des élites associées aux risques environnementaux, la société s'adapte et saisit la main des mouvements écologistes, représentant désormais 15 % à 20 % des corps électoraux au moins ; l'intégration de leurs revendications dans les décisions locales, judiciaires de plus en plus, nationales aussi, permet d'atténuer la violence des remises en cause sollicitées. Dépositaire historique d'une culture critique des institutions, religieuses et politiques longtemps associées, l'esprit européen est préparé, plus qu'ailleurs, à accueillir ce nouveau monde à la place de l'actuel, s'il préserve notre patrimoine stratifié par tant d'épreuves mémorisées. Il est en tout cas mieux préparé que la société américaine, qui parvient mal à faire naître des synthèses politiques, et évidemment mieux que les régimes autoritaires qui nient ces pulsions profondes et leurs nécessités sous-jacentes. Parce qu'elle fait du compromis sa nouvelle idéologie réformatrice, au point de devoir subir constamment les foudres des mouvements extrêmes et qu'elle tente d'inventer un vivre ensemble compatible avec une vision plus nuancée du progrès et un rapport à la nature plus rigoureux, la société européenne accueille ce temps nouveau comme étant le sien. Elle vit cette aurore méta-politique d'une façon positive par beaucoup d'aspects, ce qui lui permet de retrouver dans l'univers une situation de pôle de sagesse et de régulation qui auraient toujours dû être sa vocation. Encore faut-il qu'elle se donne les moyens économiques d'incarner ce monde en faisant muter rapidement ses entreprises, ses méthodes de production, ses réflexes de consommation, ses règles de partage et qu'elle trouve dans les valeurs de solidarité qui sont en cause un équilibre institutionnel qu'on qualifiera de « durable ». On peut dire que le projet du « Green Deal » européen, soit la mobilisation massive de nos capacités économiques – 1 000 milliards en dix ans – pour passer de l'économie fossile à l'économie verte, symbolise bien cette vision. Il est très important que l'influence allemande, à l'œuvre à Bruxelles aujourd'hui, porte avec audace cette transformation, qu'elle l'impose à son industrie automobile notamment et que nos partenaires d'outre-Rhin, probablement les meilleurs démocrates d'entre nous sur le continent, acceptent de mettre leur épargne au service d'une mutation continentale qui est leur vraie perspective politique. Aucune autre région – à l'exception du Bhoutan peut être ! – ne s'engage aussi fortement dans une telle révolution énergétique dont la finalité est la fin de la prédation et du gaspillage de notre écosystème, tout en retrouvant une souveraineté qui nous a manqué aux pires moments des chocs pétroliers. L'apport des mœurs scandinaves raisonnables à ce mouvement est une force, sachant que le défi se déplace clairement sur les politiques d'accompagnement social et la qualification des personnes, chacun devant devenir apte désormais à créer son revenu, sur la base d'un plancher universel qu'on installera inéluctablement au départ dans la vie professionnelle, dont l'employabilité individuelle sera le maître mot. Il s'agira alors d'offrir le maximum d'emplois utiles et de dégager tous les services dont la société a besoin. Dans cette société-là, les collectivités et les associations de citoyens auront l'initiative. On n'attendra plus rien des grands groupes mythiques, sauf leurs produits industriels, à des conditions très contraintes, et ceux qui ne seront pas utiles ne seront plus considérés.

Dans le siècle précédent, on a fondé la croissance des nations sur la performance boursière des firmes internationales conquérantes, offrant partout le même service standardisé, astreintes aux standards de rendement du Dow Jones ; leur succès a été incontestable pendant un demi-siècle, pour leurs salariés parfois, pour leurs clients souvent, pour les citoyens beaucoup moins, et pour leurs propriétaires d'abord, en garantissant un bon niveau de vie aux pensionnés qui les ont choisies et soutenues. Ce modèle est mis en danger par le réchauffement climatique qui fait découvrir aux actionnaires des majors pétrolières qu'ils ne toucheront rien dans vingt ans si ces groupes ne changent pas radicalement de modèle.

Il est probable que le tout ou rien entre capitalisation et répartition pour financer les retraites soit un schéma dépassé dont nous devons tirer les leçons collectivement au plus vite et probablement sur le plan européen si nous sommes assez sages pour le faire. Le schéma de financement des retraites devra évoluer de façon démocratique et continue, pouvant justifier un vote populaire, en garantissant un financement de long terme corrélé à un taux de prélèvement accepté par les actifs, quitte à baisser l'impôt sur le revenu et à augmenter le prélèvement sur les transmissions. Le cœur d'un modèle de société démocratique repose sur cet arbitrage explicite qu'il faut sans cesse mettre à jour autour d'hypothèses indépendantes et claires qui encouragent les uns à travailler et protègent les autres après leur vie de travail. On ne pourra plus faire des entreprises des machines à broyer les jeunes générations au profit des actionnaires retraités ; les taux de rendement négociés devront tenir compte des intérêts équilibrés des uns et des autres, avec l'aide de fiscalités qui incitent à redistribuer à la fin de la vie active et ne la pénalisent pas tout au long. Cette problématique d'arbitrage des revenus de long terme et de leur fiscalité courante ne se pose pas du tout de la même façon aux États-Unis ; c'est pourquoi nous avons doublement tort de travailler pour les pensionnés américains qui ne nous font aucun cadeau et de soumettre un rendement inadapté de nos entreprises conduites à réduire leur emploi constamment pour souscrire à leurs exigences. Le refinancement de nos entreprises par nous-mêmes et l'allocation des pensions que nous sommes capables de nous attribuer doivent redevenir des décisions souveraines majeures au cœur du modèle européen, si nous voulons maîtriser notre présent et notre futur.

En nous intégrant dans l'économie américaine sans influencer du tout les logiques de partage de la valeur, nous avons abdiqué notre indépendance matérielle et morale. Dans le temps qui restera celui de l'hyperpuissance d'une économie américaine, obtenue au prix de la déflation du dollar, de dettes environnementales impayées et de chantages politiques constants, nous ne compterons pas, fussions-nous des salariés bienveillants et des cadres dévoués de leurs meilleurs groupes. Le génie des États-Unis a été de savoir renouveler leur modèle industriel à travers les actifs exponentiels des GAFAM, devenus le ressort majeur de leur Bourse et la caisse de sécurité de leurs pensionnés, qu'on comprend peu désireux aujourd'hui de voir leurs bénéfices s'amenuiser en payant des impôts ou des fournisseurs comme tout le monde. Et, pourtant, pour des raisons évidentes, ces oligopoles magnifiques autant qu'incontrôlés devront partager demain leurs revenus, leurs pouvoirs et leurs positions, à moins de se confronter directement avec les principes de la démocratie, comme ne cesse de leur dire Dani Rodrik.

Le mécanisme de la rente technologique dominante est devenu totalement pernicieux, parce qu'il est oligopolistique – sinon monopolistique pour quelque temps encore –, ensuite, parce qu'il repose sur des captations de valeurs indues, comme l'argent fait sur les données individuelles, qu'il s'exonère de tout effort sincère de régulation collective et qu'il a choisi d'affronter un capitalisme d'État qui le talonne, sans rechercher pour autant les bonnes règles de gouvernance à la hauteur de ses responsabilités. Conscient qu'il devra assumer tôt ou tard sa part de décarbonation, le système américain, totalement dépendant du pétrole à bon marché et de l'utilisation aveugle de ses dérivés, souffrira plus que tout autre dans le monde qui vient s'il continue à différer, dénier et retarder la fin de « l'économie brune ». Il va de soi que les Européens ne peuvent pas être solidaires d'une géostratégie américaine qui ne prendrait pas à bras-le-corps le combat écologique. Tout ce qui retarde la gestion de l'impératif climatique empêche la reconfiguration des mécanismes de régulation multilatéraux et s'oppose aux forces constructives de la société civile, affaiblit en réalité les consensus démocratiques. La nouvelle administration du président Biden ouvre une perspective de réconciliation en ce sens, mais encore faudra-t-il qu'elle entraîne une cohérence globale de l'ensemble des initiatives états-uniennes.

L'occasion existe pour l'Europe de prendre la tête d'un modèle post-croissance qui fait de la durabilité la synthèse des attentes nouvelles des sociétés civiles

Ces trois défis systémiques, du climat, de la coopération multilatérale et de la progression démocratique, seront complexes à relever parce qu'il faudra entraîner le monde dirigeant américain qui est loin de s'être approprié les remises en cause qui le secouent, en dépit de signaux messianiques émis récemment. Voir Exxon remplacé au Dow Jones par une entreprise des énergies renouvelables est un symbole fort qui ne suscite pas pour autant la volonté assumée de ce qui fut le premier groupe mondial de se transformer réellement.

En poussant à l'extrême son exigence de résultat pour l'actionnaire-pensionné, l'Amérique a produit un modèle qui est devenu la caricature de l'entrepreneuriat inventif qu'elle a pratiqué de sa côte Est à sa côte Ouest tout au long du XXe siècle et qu'on idéalise encore pour mieux couvrir ses effets pernicieux. Ce modèle hyperbolisé ne peut plus être le modèle des Européens, qui doivent inventer d'autres leviers économiques, des mécanismes de financement à eux, avec leur épargne propre et leurs banques bien ancrées dans les territoires, d'autres critères de sélection des produits que le prix, fondés sur l'utilité sociale et non plus sur l'exaltation du gaspillage et d'autres formes de travail, non plus fondées sur la pressurisation de chaînes de valeur cachées au bout du monde, à l'écart des règles communes. Le monde nouveau où nous devons jouer de notre savoir-faire et de notre maturité sociétale s'oppose radicalement au temps des marques guerrières qui perdure outre-Atlantique, mais nous fait de moins en moins rêver. Le point décisif est, bien entendu, le mécanisme de pouvoir, concentré aux États-Unis chez les seuls propriétaires intéressés, alors que nous savons qu'il faut le faire glisser vers l'ensemble des représentants concernés, ce que nous avons appelé la « création de valeur négociée », par opposition à la « création de valeur (faussement) partagée » de Michael Porter, le premier à avoir tiré l'alarme sur les limites du capitalisme financier, rendons-lui cet hommage. Le modèle d'entreprise s'en trouvera totalement bouleversé, du dialogue actionnarial à la cogestion sociale et à la contractualisation des objectifs, qui deviendront des méthodes courantes. Sur ce terrain, la France rétive à l'actionnariat salarié ferait bien de se glisser un peu plus dans le lit de la cogestion allemande dont l'expérience historique est particulièrement convaincante.

C'est en Europe que doit s'inventer désormais l'entreprise en société, contre sa matrice historique purement patrimoniale, disqualifiée depuis la crise financière de 2008, refusant d'assumer ses responsabilités passées et actuelles. L'objectif devant nous est de répondre à ces trois défis que nous pouvons retourner en perspective prometteuse : un modèle fondé sur la décarbonation en phase avec la biodiversité et nos écosystèmes de ressources naturelles, un modèle fondé sur la régulation collective qui s'intéresse aux communs, matériels et culturels, et un modèle fondé sur des solidarités négociées pour concilier enfin performance et utilité. L'Europe a pris une avance politique dans ces trois mutations décisives parce que son corps social y aspire, mais elle ne les a pas traduites suffisamment dans ses modèles d'entreprise, pour des raisons d'inertie propres à la génération de ses dirigeants actuels et parce qu'il lui faut apprendre à substituer des innovations rémunératrices à des activités qu'il faut savoir abandonner. La façon avec laquelle les grands patrons ont joué avec le concept de « raison d'être », proposé par la loi Pacte, pour faire semblant de s'intéresser au sujet, en dit long sur leur capacité à proposer une vision nouvelle, qu'ils sont seuls à craindre.

La décarbonation des modèles se joue, en effet, sur les choix d'activité à faire ou à ne pas faire. Il va falloir renoncer à des pans entiers d'activités incompatibles avec l'économie verte, tout en traitant sérieusement les conséquences sociales induites. L'Europe a créé une classification des activités durables (dite taxinomie) qui va servir à cette segmentation des business demandée aux investisseurs, mais aussi aux industriels, afin de s'orienter vers des bâtiments économes en énergie, des voitures électriques ou des emballages recyclables. Ce qui implique des choix d'investissements courants exigeants au regard de leurs impacts sur les émissions de gaz à effet de serre ; Engie a dû renoncer à importer du gaz de schiste américain dont le bilan CO_2 n'apparaissait plus compatible avec les engagements de l'entreprise et ceux de la France. À son corps défendant. On ira ainsi inévitablement vers des comptes d'entreprise qui afficheront leur dette carbone, laquelle viendra en déduction de la valeur créée ; déjà, un immeuble qui n'est pas aux normes vaut moins de 25 % de sa valeur faciale. Mais, surtout, le consommateur descend enfin dans l'arène et le nombre de clients qui refuseront des marques polluantes ne cessera de croître ; on n'autorisera pas à la cosmétique ou aux services logiciels d'être en deçà de la trajectoire de neutralité climatique ; il faudra réserver à des activités socialement très utiles ou indispensables, l'acier, le ciment, l'agriculture, pratiquées selon des voies nouvelles, les marges d'émission qui nous resteront. Le taux de recyclabilité d'une activité définira autant sa qualité, son prix qu'aujourd'hui son design, son emballage ou sa perception de luxe, ces concepts vont être relativisés fortement. On n'est pas loin de pouvoir lire sur un produit mis en rayon dans une grande surface, autant son prix, sa provenance que sa durabilité, renvoyant à une base de données qualifiée les détails d'acceptabilité de ce produit, ce qui sera considéré comme normal et évident.

Les firmes multinationales sont-elles « cornérisées » pour de bon ?

À côté de cette économie sobre vers laquelle poussent sérieusement les consommateurs européens, le défi de la régulation public-privé vient remettre en cause la philosophie même de l'entreprise telle qu'on la consacre encore à

Berkeley ou Harvard, dédiée uniquement à la satisfaction du marché, c'est-à-dire à la fraction solvable de la société, sans considération des besoins non satisfaits sur la planète, et devant se justifier à travers sa propre capacité à générer des gains, quitte à mieux assumer des impacts externes qu'on lui fera payer. Cette philosophie consiste à optimiser sa croissance et son rendement en recherchant une position dominante et avantageuse vis-à-vis de ses concurrents, en n'hésitant pas à soumettre la réglementation à cet objectif, de façon à constituer des cadres avantageux, en dehors de toute considération de l'intérêt collectif. Le mythe du ranch conquis sur les Indiens, la nature, qu'on défend, par les armes si nécessaire, contre tout empiètement social et voisin a modelé la philosophie profonde du droit d'entreprendre aux États-Unis ; nous en avons adopté la rhétorique pour faire reculer une puissance publique qui est chez nous le centre de gravité de nos sociétés. Le lobbying est devenu l'outil privilégié de cette défense du territoire entrepreneurial ; il se pratique aux États-Unis en finançant les acteurs politiques, ce qui est devenu interdit largement en Europe pour éviter un détournement démocratique par le business, *modus operandi* de la pratique institutionnelle américaine. On assiste ainsi aux États-Unis à une corruption officialisée qui ne dit pas son nom, mais qui n'explique pas moins la situation très favorable des laboratoires pharmaceutiques, des énergéticiens conventionnels et des sociétés de la défense dans les préoccupations des élus. Le rapport à la régulation fondé sur l'intérêt de l'entreprise uniquement, dans un pays comme les États-Unis qui est construit sur la légitimité consacrée de l'initiative privée, aboutit inévitablement à rejeter les externalités négatives dans le champ collectif, qu'il s'agisse des effets des licenciements ou des accidents des prélèvements sur la nature ou sa destruction, sauf atteinte prouvée de l'opérateur vis-à-vis de la loi, lorsqu'elle existe. Le système a produit très tôt ce qu'on a appelé un « philanthrocapitalisme » qui a consisté à atténuer ces fameuses défaillances du marché et à pouvoir acheter ainsi une licence à opérer. L'amour des arts de Rockefeller ou de Getty a construit leur reconnaissance, mais c'est leur intelligence politique qui les a enrichis. Cette conception politiquement autocentrée de l'entreprise, sacralisée dans le Nouveau Monde, a eu deux conséquences nuisibles sur les mécanismes politiques en Europe. Elle a permis aux groupes économiques puissants de combattre aisément les représentants issus de la société civile, ONG et associations de consommateurs qui les critiquaient fortement ; on se souvient qu'Exxon est aujourd'hui poursuivi en justice pour avoir financé en toute connaissance de cause la désinformation contre le réchauffement climatique. Ces conflits à mort ont nourri des histoires et des films célèbres : Ralph Nader, en fondant Common Cause, a permis la naissance du consumérisme ; l'arrêt Karsky contre Nike, qui condamnait la firme pour allégation mensongère car n'avouant pas le travail des enfants pakistanais dans sa publicité, généralisa la place des droits humains dans le droit économique, depuis consacré dans un texte des Nations unies applicable aux entreprises (Principes Ruggie).

Ces coups de boutoir dans la philosophie cow-boy du business n'ont pas empêché le modèle de croissance de prospérer en niant les biens communs, ces espaces naturels, infrastructures et actions collectives, biens universels et culturels qui sont le ciment de la vie sociale et de la transmission aux générations à venir de notre patrimoine terrestre. On tient là une différence d'approche majeure avec l'Europe, expliquée parfaitement par Tocqueville, par laquelle l'Amérique met l'acteur économique privé au même niveau de droit que l'acteur public. Cette différence s'est amplifiée considérablement après-guerre avec le déploiement des firmes américaines dans tous les pays réfugiés sous leur parapluie; dans le même temps, l'Europe était condamnée à investir dans des biens et outils publics pour assurer sa reconstruction et se substituer à une initiative privée désargentée. Notre socialisation de la vie collective a généré en retour une critique libérale des milieux d'entreprise, formés à l'école américaine, relayée par les forces politiques de droite qui ont trouvé là une façon de briser la vague sociale-démocrate. Dans le contexte tétanisant et simplificateur de la guerre froide, c'est ainsi que les modèles se sont imbriqués de part et d'autre de l'Atlantique. Il n'y a pas eu de réflexion philosophique très poussée sur l'organisation optimum des modes de production, mais seulement des phénomènes grégaires. Les discours patronaux devront plus à cette compétition idéologique qu'à une réflexion de performance comparée des systèmes. C'est bien plus tard que la pensée sur la bonne gouvernance va émerger, et encore fut-elle laborieuse et est-elle restée enfermée dans une autorégulation assurée entre pairs: le code Afep-Medef est une suite de concessions aux pressions du temps et n'est toujours pas un accord passé entre les parties de la société sur la meilleure façon de gouverner l'entreprise dans l'intérêt commun.

Est-ce à dire que l'entreprise est moins un impensé qui devrait tout à ses fondateurs empiriques que le résultat d'une situation politique à un moment donné de l'histoire d'une société où elle peut prospérer? Pour une grande part certainement, si on en juge par l'expansionnisme entrepreneurial américain qui doit beaucoup à l'impérialisme géopolitique de l'Amérique d'après-guerre et si on admet que l'Europe a reconstruit son outil industriel à partir de ses restes historiques en empruntant au modèle américain tout ce qui lui avait fait défaut jusqu'ici, de rationnel et de conquérant. La neutralité technique ou l'autonomie idéologique de l'entreprise n'existe pas car elle est bien le produit d'une ambition de la société à un moment donné, par laquelle s'exprime la capacité d'inventer, l'envie de consommer et de gérer la nature, les rapports humains aussi, et la façon d'utiliser la richesse produite. Dès lors que l'Europe s'engage dans un nouveau champ de valeurs autour de son héritage social et se tourne vers un autre projet politique plutôt que d'être la doublure assistée de l'Amérique, il lui faut traduire son ambition dans un modèle d'entreprise qui rend possible sa réalisation, sur le plan matériel, mais aussi culturel. La réussite même du projet politique européen se fondera sur ce socle économique ou il n'émergera pas, faute de divisions pour compter suffisamment dans le monde.

La valeur de solidarité est-elle devenue la vraie spécificité du modèle européen ?

Un autre défi important fracture la relation entre les deux modèles d'entreprise développés de part et d'autre de l'Atlantique, c'est le rapport à l'idée de solidarité. Certes, dans les deux situations, jusqu'à la Seconde Guerre, le capitalisme n'a cessé de subir des contraintes sociales qu'il s'avérait incapable d'anticiper par lui-même. Comme l'explique très bien l'économiste Anton Brender[1], le progrès social a été imposé au système capitaliste par le combat

1. Anton Brender, *Capitalisme et progrès social,* Paris, La Découverte, 2020.

syndical et la force politique des électorats populaires. Les initiatives patronales, pour prendre en compte les conditions de travail, les bons niveaux de rémunération, les dispositifs d'assurance et de formation, ont été parfois individuelles et partielles, mais l'incapacité des dirigeants à savoir négocier un progrès social autrement que dans le rapport des forces ne peut qu'étonner, comme si le partage de valeur ne se discutait pas et la satisfaction des salariés n'était pas un gage de productivité fondamental. La relation au projet social de l'entreprise, qui fut occultée partout pendant les décennies de grande croissance, s'est affirmée progressivement comme une différence consubstantielle entre les deux projets, de part et d'autre de l'Atlantique, d'une façon irréconciliable. Il est clair aujourd'hui que nous ne nous faisons pas la même idée de l'entreprise quant à son devoir à l'égard des femmes et des hommes qui y apportent leur temps et leur savoir-faire, quant à leurs droits dans le processus de décision, ce qui n'enlève rien à la recherche commune d'un bien-être au travail qui est d'abord la reconnaissance d'une évidence qu'on est plus efficace dans une entreprise où il fait bon travailler. Mais ceci n'engage en rien la contribution des systèmes économiques à la solidarité collective dans le périmètre, large, qui est le leur, de l'assurance-maladie généralisée à la constitution d'une épargne pour la retraite et en passant par une prise en considération des situations de fragilité. Sur ce point, l'Europe ne reviendra pas – et ne doit pas revenir – sur sa culture de solidarité qui affecte à l'entreprise une part majeure de la redistribution des revenus, des voies de formation continue et des droits sociaux dont le droit syndical – qui a été banni récemment chez Amazon ; – le refus de l'ubérisation des statuts des personnels des plate-formes numériques et leur requalification en salariés par un grand nombre de tribunaux, en Europe notamment, traduit parfaitement cette différence d'approche de la mission sociale de l'entreprise.

L'entreprise reste une aventure collective qui associe des acteurs complémentaires ; elle ne peut se réduire à une captation individuelle du mandat de milliers d'actionnaires anonymes qui utilisent les autres au profit d'un gain égoïste ; elle est plus qu'un outil d'enrichissement matériel, car elle est attendue comme un espace partagé d'enrichissement culturel et social aussi. De ce fait, le modèle boursier n'est pas forcément pérenne et ce d'autant qu'il convient mal à des secteurs comme la santé, les services collectifs ou de proximité qui ont besoin de relations étroites avec leurs parties prenantes et de mécanismes de financement stables et à long terme.

C'est cette vision de l'entreprise collective que porte l'Europe plus qu'ailleurs, mise en pratique à travers l'histoire de la coopération et du mutualisme qui ont profondément transformé la façon d'épargner, d'investir et de décider dans le cadre de communautés solidaires, devenues aujourd'hui puissantes dans notre économie (banques, assurances, prévoyance), mais aussi à travers le parcours des entreprises publiques, gérées pour satisfaire des services publics, en réponse à des déficiences du marché ou à des projets collectifs ambitieux. À la différence de la philosophie américaine qui confie son destin largement au marché – Elon Musk est venu au secours de la NASA et Tesla a plus fait pour l'électrification du parc automobile que l'État fédéral –, notre philosophie de l'action collective réécrite autour de l'État-providence, tant par la social-démocratie que par la technocratie nationaliste, associe étroitement l'initiative privée et l'initiative publique dans la construction de la société, avec le risque de confusions problématiques qu'on connaît, ce qu'on retrouve dans notre édifice juridique avec les concessions et dans notre conception de la réussite sociale qui privilégie toujours les hauts fonctionnaires sur les patrons de PME méritants.

L'Union européenne s'est attachée à faire évoluer par petites touches successives le droit des affaires dans ce sens d'un accroissement des responsabilités affectées aux acteurs économiques ; elle va instituer le devoir de vigilance sur la situation des fournisseurs dans les chaînes de valeur mondialisées, la préoccupation renforcée de l'économie circulaire et la transparence extra-financière accrue, permettant d'aller enfin vers une valeur globale d'entreprise, associant la dimension sociétale et la dimension économique. Mais il manque à cette laborieuse transmutation du droit de l'entreprise, pour produire et servir à la fois, un socle juridique unique qui proposerait un statut de l'entreprise européenne durable et responsable, fixant clairement les droits et les devoirs de cette institution clé de nos sociétés modernes. Ce statut type serait une contribution fondamentale à l'avancée vers une économie responsable dans laquelle l'Union européenne devra investir sa créativité diplomatique pour civiliser les prochaines étapes de la mondialisation.

Le débat doctrinal est engagé entre le capitalisme actionnarial américain et le « capitalisme parties prenantes » des Européens

L'emprise culturelle de l'Amérique triomphante au début du XXe siècle a tiré nos représentations vers le culte de l'argent et le mythe des *self-made men*, en camouflant souvent des niveaux de médiocrité humaine affligeants, niant l'éthique jusqu'à l'arrogance du « pas vu, pas pris » et occultant les turpitudes locales des entreprises minières et pétrolières. Cette période d'un demi-siècle au moins de fuite en avant sans contrôle, si elle était contée, laisserait une fresque d'aventures rocambolesques autant que contestables, qui ne vaudrait pas une meilleure appréciation que la colonisation dans notre bilan civilisationnel. Le droit a toujours suivi la pratique, pour la corriger ou la réparer. On n'a jamais posé *a priori* de modèle juridique recommandé pour entreprendre en société, sauf jusqu'à l'énoncé en 1976, par l'OCDE – soucieuse de ne pas voir l'intervention d'ITT contre Allende se reproduire –, des principes directeurs de l'investissement international, code de conduite parfait sur le papier, mais que les États se soucient peu de faire appliquer, et la France pas mieux que d'autres… L'engagement dans le Pacte mondial des Nations unies proposé en 2000 aux grandes entreprises par Kofi Annan, secrétaire général des Nations unies, se situe dans le même esprit déclaratif et ne change rien aux vraies pratiques pour l'instant.

En fait, pour rendre à César ce qui est à César et à Michael Porter ce qui lui revient, son concept de la « valeur partagée » était censé dire aux entreprises qu'elles gagneraient plus à se préoccuper des besoins insatisfaits du monde actuel qu'à se polariser uniquement sur l'exploitation des populations solvables uniquement, comme elles le font depuis toujours, au nom de la loi, sacrée, de l'offre et de la demande.

Ce concept marque une rupture car nous ne le saisissons pas de la même façon en Amérique, où il sert de relais marketing aux offres actuelles, et en Europe, où nous le voyons comme un appel à rendre le progrès accessible à ceux qui n'ont pas les moyens d'y accéder ; on rappellera que l'industrie pharmaceutique occidentale se contente de longue date de vendre 80 % de ses médicaments à 20 % de la population mondiale qui peut se les offrir.

Michael Porter a beau jeu de dire que les besoins non satisfaits par l'économie de marché dans une mondialisation tirée par une démographie qui conduit vers plus de 10 milliards de personnes sur terre en 2100 est une chance formidable pour les entreprises en place, si elles veulent bien y répondre en ne s'intéressant pas qu'aux populations solvables, il n'en tire pas les conséquences qui s'imposent. Car la conséquence politique est de mettre les capacités inventives de nos belles entreprises au service des problématiques de développement, dans une vision de long terme et non de vente à court terme. Total ne devrait-il pas se consacrer à l'électrification de l'Afrique plutôt que d'aller concurrencer EDF dans les villes françaises ? Mais encore faudrait-il convertir les accords de production actuels de pétrole, au Gabon, en Angola, en contrats panafricains de mise à disposition des gisements naturels d'énergie dont l'Afrique dispose, pour co-produire avec les acteurs locaux des services utiles.

Le concept de « création de valeur négociée », déjà évoqué, ne peut être que le résultat d'une discussion avec les sociétés civiles sur la façon de faire accéder aux progrès matériels les populations précaires, en repensant les produits, les prix, les circuits et, au final, le profit, pour engager des logiques de co-développement, dont l'entreprise est l'instrument et non la finalité. Nous avons l'exemple des formidables initiatives sociales de la Grameen Bank, mais aussi de Danone, Essilor ou Schneider Electric, de Sanofi (DNDI), qui ont enclenché ce type de stratégies dites « *no profit, no loss* », s'attachant à concevoir localement des offres appropriées aux populations qu'elles font accéder progressivement à des démarches d'épargne vertueuses. Ces expériences innovantes, mais insuffisamment répandues, restructurent le capitalisme d'une façon profondément utile, ce que son meilleur promoteur, Muhammad Yunus, résumait ainsi lors du Forum de la Paix 2020 :

> Les êtres humains sont mus par leur intérêt particulier mais aussi par des intérêts collectifs, ce dont les économistes n'ont jamais tenu compte ; quand nous aurons accepté que l'intérêt collectif fait partie des êtres humains, alors nous aurons besoin de créer d'autres types de business conçus pour résoudre les problèmes humains. Nous devons nous redécouvrir et penser différemment. Si nous voulons construire un nouveau monde, nous devons construire de nouvelles routes.

L'appel du Prix Nobel de la paix 2006 faisait écho à la déclaration inattendue du ministre français de l'Économie dans la même enceinte, reconnaissant que « les citoyens ne veulent plus d'un capitalisme qui pille les ressources de la planète ».

Le « capitalisme des parties prenantes » implique un partage du pouvoir qui attend encore aux portes des grandes entreprises

Certes, la critique capitaliste européenne est un serpent de mer depuis le début de l'ère industrielle. De Pierre-Joseph Proudhon à Thomas Piketty, elle actualise la problématique principale qui la motive, celle de l'inégalité dans la répartition des résultats, mais aussi dans la gestion du pouvoir. Elle s'est nourrie d'une mise en cause séculaire de la détention privée des moyens de production transformée en idéologie politique, dont le sort lié au modèle soviétique a établi sa limite sans appel. Cette critique ontologique d'un système qui fait de l'investisseur le décideur essentiel remonte à la surface de façon récurrente car elle interpelle évidemment les arbitrages politiques fondamentaux. Peut-on imaginer une relation contractuelle entre celui qui prête et celui qui agit qui ne soit pas forcément celle d'un droit de propriété, qui sait ?

On a pu voir récemment dans les débats électoraux américains monter une critique très européenne du modèle économique, au point que ses adversaires la caricaturent en critique socialiste, voire mieux, communiste ! Elle est parfois très radicale chez Bernie Sanders ou Elizabeth Warren, appelant à des cadres contraignants inhabituels dans le monde libéral en vue de limiter la taille et les profits d'entreprises devenues suffisamment puissantes pour s'autonomiser à l'égard de la société civile. Mais la situation dénoncée est-elle affaire de système, de mode d'application par des individus exceptionnels ou la conséquence d'un rapport de force qui s'est inversé entre les détenteurs de la décision publique et de la décision privée par-delà des principes démocratiques communs ? Ce dernier point ne fait plus de doute aux États-Unis qui ont érigé cette asymétrie en exaltation du milliardaire, devenu une personnalité légitime pour diriger la chose publique.

L'Europe tient bon sur une séparation théorique de ces deux légitimités publiques et privées, mais elle ne la pratique plus réellement, de longue date. Il en résulte aujourd'hui, dans nos vieux pays, une défiance populaire à l'égard des élites, assise sur la comparaison facile à faire entre les effets de la mondialisation, heureuse pour les uns, malheureuse pour les autres. La fracture grave qui en résulte ne se résoudra qu'en conduisant au niveau de l'État la recherche, dedans et dehors, d'une économie (vraiment) responsable et en conduisant les acteurs privés à s'engager plus et plus vite en société.

La France, où de Gaulle inventa la « participation » pour tenter, en vain, de résoudre la crise sociale de 1968, produit tous les dix ans une réforme de l'entreprise qui essaie d'adapter notre vision de l'entrepreneuriat, de sa conduite et de ses résultats, face à l'emballement international qui a le dernier mot en matière de pilotage économique. Dernière en date, le remarquable rapport Notat-Senard, demandé par les pouvoirs publics, a vu ses préconisations sur les administrateurs salariés, « la raison d'être » et la reconnaissance des parties prenantes rejetées par le patronat officiel qui n'a jamais eu comme modèle que le schéma libéral qui marche aux États-Unis. La même distance a marqué le projet européen de gouvernance durable lancé au Parlement européen, dont les organisations de chefs d'entreprise « ne voient pas l'intérêt ». Le temps n'est donc plus à se reposer sur une entreprise responsable qui prendrait des engagements encourageants, dans le champ volontaire uniquement. La RSE n'a produit aucune approche collective d'économie responsable, ni dans un pays, ni dans un secteur ! Si l'on veut vraiment structurer une politique publique qui installe une co-régulation des acteurs, il faudra le faire sur des bases politiques explicites : à l'État de poser les principes et d'assurer le contrôle de l'intérêt général, à la firme de s'emparer de ces principes et de démontrer leur mise en œuvre proactive pour favoriser l'avancée collective d'une économie responsable, dans laquelle les entreprises engagées seront récompensées et valorisées.

Le critère le plus probant de l'engagement d'un patron dans le sens de la responsabilité est sûrement l'évolution profonde de son modèle d'affaire, mais c'est d'abord la façon dont il coopère avec les autorités publiques pour changer les règles. Les Européens comprennent cela parfaitement, d'où leur participation active aux coalitions internationales. Ils professent naturellement une bonne volonté à l'égard de la chose publique qu'on ne retrouve pas dans la culture business américaine qui ne reconnaît que ses règles et celles qu'elle contrôle. Le spectacle de la crise du système financier de 2008 a fait apparaître deux camps : celui qui ne s'intéressait qu'à sa survie et celui qui s'intéressait à celle du système dans son entier. Au final, il en est résulté des activités de crédit renflouées, des contrôleurs plus vigilants, mais les mêmes banques de détail et d'investissement consolidées, confirmées aux manettes de la création monétaire. L'Europe est parvenue à installer son union financière et ses contrepoids aux risques systémiques, ce qui a ouvert probablement une brèche significative entre deux pays, deux systèmes, qui fait désormais son chemin. Le suivisme atlantiste a coûté très cher aux contribuables et aux citoyens européens qui portent la dette publique importante. S'il n'y avait pas eu la baisse des taux d'intérêt pour relancer la machine, cette situation aurait fait exploser le casino.

Au terme de plusieurs décennies faussement euphoriques, le système économique américain a donc installé l'économie européenne dans une double impasse : celle d'une dépendance à ses irresponsabilités monétaires, dont Washington se couvre en imposant ses décisions de justice à tout utilisateur du dollar, comme elle l'entend. L'affaire BNP Paribas et quelques autres amendes astronomiques nous l'ont appris à nos dépens. L'autre impasse est celle d'un déclassement industriel qui résulte d'une position monopolistique de sa technologie numérique qui crée des barrières à l'entrée infranchissables. Est-ce que le renversement brutal de la doctrine américaine sur la fiscalité des entreprises rétablira des équilibres ? Cela ne suffira pas. Le prix du carbone à imposer dans les comptes des émetteurs est aussi indispensable pour permettre à l'économie *green* de rapporter plus en Bourse que l'économie *brown*. Si l'Union européenne jouait la première de ces deux leviers, l'encouragement fiscal et la tarification du carbone, elle pourrait changer les règles sans perdre en compétitivité, ce qui est son défi stratégique principal. Encore faudrait-il qu'une alliance économique et politique voie le jour à Bruxelles, autour d'une vision de l'avenir partagée, déplaçant les investissements, les concentrant, assumant les impacts sociaux et appelant les consommateurs et citoyens à jouer le jeu de ce « Global Deal ».

4
L'avenir d'un capitalisme européen autonome se joue autant dans les têtes de ses dirigeants que dans la régulation des marchés mondiaux

Un nouveau paysage géopolitique continental libère l'Europe de toute redevabilité extérieure

Si on admet que l'imbrication historique des systèmes a contraint à penser l'Occident en bloc, de l'édification à la chute du mur, on ne fera pas porter aux seuls patrons européens le rendez-vous manqué d'un modèle économique original qui aurait pu avancer depuis le traité de Rome. Même si on n'est pas dupe qu'ils ont joué le jeu sans réserve du modèle d'entreprise unique qui s'imposait avec arrogance, pas plus qu'on ne reprochera à nos dirigeants politiques d'avoir mis en place des institutions monétaires, commerciales et financières à travers une solidarité d'intérêt factice avec les États-Unis. Mais la Terre tourne et plusieurs forces gravitationnelles viennent modifier un jour ou l'autre des trajectoires qu'on croyait imperturbables.

Le premier météorite intervenu dans cet univers qu'on voulait croire stable et définitif est l'irruption de la puissance chinoise, commerciale mais aussi technologique, géopolitique aussi, assise sur un régime dont l'autoritarisme croissant nous surprend et dont l'agressivité nouvelle nous désarçonne et qui est peu disposé à jouer avec nos règles.

L'Europe n'a pas à conduire de guerre contre la Chine qui n'est pas son ennemie. Il lui faudra seulement obtenir le respect de ses intérêts, une loyauté effective dans l'application des cadres internationaux, en jouant de partenariats dont elle a l'expérience ; elle n'a plus vraiment de comptes à régler, sinon des situations à clarifier pour éviter de se les voir imposer. Mais nous resterons dans un *deal* permanent avec les États-Unis sur la question chinoise qui nous empêchera de jouer nos seuls intérêts économiques, si nous le voulions.

En fait, la zone de risque des Européens n'a pas changé : c'est avant tout la Méditerranée orientale avec une Turquie guerroyante et des États mitoyens avec la Russie qu'elle ne peut abandonner. L'Europe subira longtemps une instabilité nord-africaine, du Machrek au Maghreb, sur laquelle elle n'a pas beaucoup de prise fondamentale. En plus de ses trois foyers géopolitiques actifs préoccupants qui ne pourront la laisser passive – le front oriental méditerranéen, la ceinture sahélienne et les marches de la Russie –, l'Union européenne doit gérer en douceur une patiente et lointaine poursuite de son unification continentale, inévitable. Dans tous ces cas abrasifs qui seront le lot de sa vie internationale au XXIe siècle, l'Union européenne n'a plus rien à attendre des États-Unis, sauf dans le cas ultime d'un débordement militaire sur sa frontière balte ou danubienne par le voisin russe qui perdrait le contrôle de sa responsabilité ; mais cela poserait une problématique de sécurité mondiale et plus seulement européenne, car inacceptable. Dans ce paysage contenu, la diplomatie européenne devra être aussi économique que politique ; ses entreprises devenant des acteurs indispensables du développement de ses zones frontalières qui ont besoin de participer à sa prospérité. Cette diplomatie européenne doit changer de nature, pour autant qu'elle parvienne à intégrer les diplomaties nationales dans une vision cohérente de *soft power*, dure et efficace, à inventer. il ne s'agit plus de détruire, mais de contenir, d'empêcher mais de concilier, de contrôler, mais de s'entendre. Et, dans cette stratégie historique, promouvoir une vision de l'économie responsable mondiale pour les vingt à trente ans qui viennent, tirée par l'obsession de la neutralité climatique et au service d'un rééquilibrage des échanges reposant forcément sur des critères sociaux, environnementaux, sociétaux, éliminant les dumping immoraux, incitant enfin ses entreprises à jouer le jeu de la responsabilité collective, s'avère un beau programme pour la diplomatie européenne. *A contrario*, sans ce modèle à promouvoir, elle s'éteindra comme une bougie.

La question de l'autorisation américaine peut sembler incongrue, mais elle se posera forcément. La sécurité collective du continent européen, enfin unifié au XXIe siècle, entraîne une relation totalement nouvelle et différente avec son protecteur impérial fatigué. Même s'il « ne s'agit pas de remonter l'Histoire », comme le dit très justement le chef de la diplomatie européenne, Josep Borrell, l'Union européenne est entraînée dans une mécanique à elle, où il lui faut décider ce qu'elle veut, alors même qu'elle dispose désormais des moyens d'assumer une sécurité qui se joue plus sur le terrain sanitaire, cyber et technologique que conventionnel.

Si elle le décide, bien entendu, ou plus précisément si le bloc de l'Est – Allemagne, Baltes, groupe de Visegrád dont la Pologne inquiète avant tout – veut bien faire équipe avec la France dans une conception à inventer de « neutralité forte », à peine militarisée, elle peut s'installer dans un cadre de sécurité collective à deux niveaux : celui où elle gère ses risques propres, en concédant à l'empire russe une zone tampon clairement neutralisée et celui qui pose l'infranchissable dans une relation conservée avec les États-Unis. On a le droit d'imaginer que la diplomatie sous Biden ouvrira une nouvelle répartition des rôles, plus responsable de part et d'autre, plus calculée et visionnaire aussi, bref, moins possessive et posant les limites et les responsabilités de chacun pour de bon. Si ce cadre se met en place raisonnablement, l'Union européenne peut devenir un *soft power* économique autour de son modèle, qui peut être sa vraie contribution historique pour les quelques décennies critiques devant nous.

Les entreprises européennes ne peuvent être que les vecteurs du projet démocratique continental ou elles perdront leur légitimité

Certes, l'État de droit se cherche encore en Europe et sa cohérence démocratique reste à trouver, mais nul ne doute qu'elle s'imposera en une génération à travers la pression des opinions publiques, la combativité de son Parlement et la détermination des juges, au nom d'un esprit communautaire qui grandit. Dans un paysage géopolitique clarifié, un paysage économique nouveau devient possible pour donner du sens à cet État de droit européen. La sécurité continentale enfin imaginable crée en effet une zone commune de prospérité d'un demi-milliard de personnes qui peut fixer ses règles commerciales et les promouvoir à l'extérieur. La rupture n'étant pas nécessaire pour s'affirmer, c'est sur le terrain de la technologie et de la régulation que le rapport aux États-Unis pourra trouver un équilibre qui ne devra rien à personne. Cette perspective de stabilité retrouvée doit permettre à l'Europe d'acquérir l'autonomie responsable qui doit être la sienne, au nom de son projet, de ses valeurs mais aussi de ses intérêts, s'émancipant des contraintes féodales américaines que plus rien ne justifie. Ce projet repose sur deux piliers fondamentaux : la traduction de cette autonomie responsable dans ses règles d'échanges commerciaux et le fonctionnement responsable de son système économique. Cela entraîne inéluctablement l'Union européenne à favoriser une régulation mondiale où elle devra peser de tout son savoir-faire et de ses bonnes raisons pour changer les règles dans le sens d'une économie responsable et durable, dont la définition n'est plus théorique (avec les objectifs de développement durable, ODD). Un des objectifs de l'Union européenne devrait être justement de faire intégrer l'Agenda 2030 par ses entreprises et de préparer la version mondiale qu'il faudra relancer dans moins d'une décennie. Ceci étant posé, à l'occasion du « Green Deal » historique qui se met en place au détour de la pandémie, l'affirmation d'un modèle d'entreprise, durable là aussi, dira que les managers doivent prendre en charge les enjeux collectifs du siècle, à travers une création de richesses à la hauteur des besoins de la population mondiale. Ils en deviennent comptables. Ils ne l'ont pas demandé, ils ne se pressent pas à ce rendez-vous, mais ils n'échapperont pas à ce projet que la dynamique de la société européenne est en train de faire émerger.

C'est au tour de l'Europe d'inventer un modèle de développement qui s'ancre sur l'utilité sociale des biens et services proposés

Avec l'irruption géopolitique de la Chine, le capitalisme étatiste, inventé lors des économies de guerre, est redevenu un acteur majeur sur le globe ; il s'oppose au « capitalisme de plate-forme » qui porte à son paroxysme l'autonomie des conquérants de la finance qui roulent pour eux d'abord. L'Amérique protège ces derniers pour l'instant, mais elle devra renégocier ses intérêts avec eux inévitablement. Entre les deux, le capitalisme rhénan, humaniste disent les bons esprits, conceptualisé, comme le « capitalisme parties prenantes » (voir World Economic Forum, WEF), cherche une voie institutionnelle en Europe, sa terre d'élection, dont la directive « gouvernance durable » formalisera les grandes lignes à travers un consensus qui est bien avancé déjà.

Mais cette gestation n'est pas sûre d'arriver à terme si les industriels européens préfèrent courir le monde chacun de leur côté au lieu de créer des entités communes. La politique industrielle qui n'existe plus nulle part depuis qu'on a remis les clés de la régulation aux marchés est au défi de cette construction vitale de groupes européens de dimension mondiale. Pour une fois, nous avons, en effet, la possibilité de penser le modèle d'entreprise que nous voulons, mais encore faut-il qu'il s'incarne dans des groupes influents. La recomposition des modèles d'affaire induite par le retrait des énergies fossiles, la digitalisation accélérée de toutes les activités et la traçabilité des offres exigée par les clients balaye une vieille structure d'entreprise fondée sur des données plus proches du XIXe siècle que du XXIe siècle. Alors que les lois s'attachaient à défendre jusqu'ici un droit de la propriété qui a permis le décollage des économies industrielles en sécurisant les investisseurs audacieux, la société civile reprend la main sur les fondamentaux de l'entrepreneuriat, pour protéger les consommateurs en autorisant les *class actions*, pour sécuriser les salariés en renchérissant les contrats et pour protéger les citoyens en conditionnant le droit d'opérer. Certes, cela crée d'énormes barrières à l'entrée, facilite les oligopoles et réduit (quelque peu) le rendement du capital. Mais on n'a pas vu que cela créait des faillites et faisait chuter de bonnes entreprises ; cela nuit seulement aux activités obsolètes qui n'arrivent pas à changer vite leur offre trop ancienne. Le débat de la compétitivité, obsédé par les coûts sociaux et la fiscalité, s'est déplacé sur le terrain de l'attractivité globale des firmes, en direction des talents d'abord, des territoires de compétence et des chaînes de valeur solidaires. La question centrale ne peut plus être celle du taux de rendement maximum du capital qui, en cycle de taux bas ou moins bas, s'installera dans une fourchette commune de taux normalement rémunérateurs qui suffiront à garantir la pérennité du capital. Et si l'Europe parvient à reprendre la main sur le financement de son économie productive et à la garder sur ses systèmes de retraite, cette question du taux de rendement garanti pourra se stabiliser dans des accords négociés qui nous feront sortir de l'activisme des proxys et des fonds spéculatifs qui ont pourri la vie du capitalisme européen pendant des décennies. À cet effet, la substitution des fonds institutionnels européens aux fonds de pension américains peut être la clé de la transformation du capitalisme européen pour lui permettre de prendre son autonomie, mais à condition que les dialogues parties prenantes se nouent en amont des projets sur des bases claires, explicites et qui apparaissent justes à tous.

La finance durable européenne parviendra à sécuriser les actifs de long terme dont elle a hérité la charge à la suite des États tutélaires

Les investisseurs institutionnels européens, assureurs et réassureurs, sociétés de prévoyance, banques de détail et sociétés de gestion, établissements financiers publics, n'ont eu de cesse depuis trente ans de vouloir sortir de la tutelle directe de l'État pour optimiser sur les marchés leur capacité à renforcer leur solvabilité. Ces acteurs ont été aussi les promoteurs de la gestion ESG, les premiers à considérer que des investissements responsables étaient moins risqués et plus éthiques ; ils ont réussi, et tout le monde s'en trouve mieux, à condition que le terrain de jeu reste sous contrôle. Mais le temps n'est plus où on devait négocier à Wall Street nos privatisations. Le déficit de liquidités pour financer l'industrie n'est plus le problème européen, ce qui représente une chance historique d'assumer la cohérence et la résilience de notre système. Bien plus, le Covid-19 nous offre un répit sur le terrain des dettes et, en devenant les bras armés des États, les banques centrales nous accordent le temps qu'il faut pour reprendre en main une autonomie monétaire dont nous n'avions jamais imaginé pouvoir bénéficier à ce point, tant cette question de la monnaie fut l'épine permanente et empoisonnée de notre souveraineté économique.

On a peur des conséquences de la pandémie pour les revenus individuels et l'emploi et on a raison, mais cette crise autorise aussi un consensus international pour permettre à toutes les grandes zones économiques du monde de s'exonérer de la volatilité des marchés au profit d'un refinancement de très long terme garanti par les États. Tous les investissements deviennent possibles, tous les grands projets sont ouverts, dont ceux de la transformation fondamentale des modèles, pour ceux qui l'oseront, en acceptant d'échanger plus de résilience contre moins de rendement. Les États-Unis ne s'y sont pas trompés et Joe Biden se prend pour Franklin Roosevelt, sans lequel nous ne serions pas sortis de la grande dépression. Nous disposons d'un alignement inespéré de planètes favorables à l'investissement de long terme dans une économie post-pétrolière : il y a une homogénéisation juridique et réglementaire des règles de marché qui avance dans la zone OCDE, du droit de l'entreprise aux contraintes sociales et environnementales, mais aussi avec des démarches managériales et commerciales qui se rapprochent pour servir partout un consommateur plus informé et exigeant. L'Union européenne est à la manœuvre dans cette dynamique qualitative, ressentie parfois comme une pression normative insupportable, mais dont on s'aperçoit qu'elle est la seule réponse à la défiance des populations à l'égard d'une offre qui s'est perdue dans la chimie incontrôlée ou le gaspillage insupportable. Un esprit européen innovant émerge à partir de Bruxelles, dont on observe qu'il forge une culture commune à partir de ce que nous avons de mieux chez chacun des vingt-sept États membres, depuis des années qu'on fait ménage ensemble. Cela finit par produire une vision commune de ce qu'est l'entreprise idéale européenne, c'est-à-dire un projet équilibré dans ses objectifs, dans la répartition des résultats, conduit de façon humaine et négociée, ancré dans les territoires et impliqué dans les combats de l'écologie, des valeurs en société et qui donne le sentiment réel au client et au salarié qu'ils se retrouvent dans un service qui cherche à être utile à chacun. De fait, l'entreprise responsable est une idée nouvelle en Europe !

Aucune autre zone politique ne fait ce travail de convergence aussi poussé entre des valeurs démocratiques attendues par les clients, des garanties de long terme demandées par les épargnants, des règles de protection durable de la planète de moins en moins négociables par la jeune génération et une rentabilité compatible avec l'intérêt des rentiers qui ne cherchent plus à monter au ciel. Il peut en sortir un modèle original correspondant à une situation nouvelle qui s'avère aussi une réponse stratégique aux enjeux des décennies à venir que nous pouvons regarder en face, pour notre part, comme une sortie de conflits épuisants qui ont pourri la vie de tous au XXe siècle. Notre feuille de route est désormais lisible : affronter le réchauffement climatique et la chute de notre biodiversité, traiter les inégalités sociales croissantes dans l'accès aux services, aux biens, aux savoirs, aux chances ; jouer de façon transparente et loyale un jeu économique dont la volonté de coopération doit l'emporter sur celle de compétition inutile ; inclure dans nos projets économiques les attentes de la société civile pour que les populations ne soient pas l'otage mais les bénéficiaires de notre activité inventive. Si on parvient à faire de ces défis notre objectif commun, au-delà de l'enrichissement des uns contre les autres qui nous a inspirés jusqu'ici, en dépassant un mercantilisme qui nous a envahis corps et âme, on pourra inventer avec des chances de succès l'entreprise durable européenne dans les dix ans à venir, autour d'un « capitalisme parties prenantes » qui reconnaît d'abord le rôle égal des investisseurs avec celui des salariés, des clients et de la société civile. Restera aux administrateurs et managers d'en tirer (enfin) les conséquences, s'ils n'ont pas été à l'origine de cette métamorphose.

Ce modèle idéal devra reposer sur quatre pieds, qui sont quatre transformations en profondeur des pratiques actuelles à opérer :

– une autre pratique de la gouvernance partagée ;

– une intégration de l'intérêt général dans la décision économique ;

– un cadre de valeurs à contractualiser, dont le respect du droit et de la solidarité ;

– un progrès qui recherche l'utilité sociale par-dessus tout à travers les innovations continues.

La gouvernance de l'entreprise européenne doit répondre à des principes d'ouverture sur toutes ses parties prenantes

En dépit des efforts louables récents, soit de réglementations (type loi Copé-Zimmermann, *Say on pay* par pays…), soit d'organisations professionnelles (voir Institut français des administrateurs et son code Afep-Medef), soit surtout de sociétés de dialogue actionnarial, la gouvernance traditionnelle reste fondée sur trois plaies anciennes : la consanguinité des administrateurs, issus des mêmes communautés dirigeantes, la complaisance entre les administrateurs autour des renvois d'intérêts et l'instinct de sécurité, l'organisation préférant ce qu'elle connaît à ce qu'elle ignore. Cette pesanteur sociologique et mentale qui alourdit les mécanismes de décision au plus haut niveau des entreprises s'explique, mais sa lourdeur conservatrice nuit à la vision d'une entreprise qui envisage son avenir à long terme au cœur de sociétés mouvantes. Bien plus, la plupart des administrateurs appartiennent à l'élite culturelle et ont eu des parcours favorisés qui les maintiennent souvent à l'écart des problématiques de société ; ce sont souvent les derniers à s'inquiéter des enjeux collectifs qu'ils ne ressentent pas en direct, ou sinon de façon accusatoire, ce qui les braque pour de bon. On a perdu vingt ans ainsi dans l'appréhension de la question climatique qui dérangeait les schémas appris et confortables. Bien plus, la tournure critique contre les multinationales qu'a prise la relation de plus en plus conflictuelle entre les ONG et le business a suscité un cordon sanitaire d'arguments qui a empêché de se pencher objectivement sur les problèmes du plastique, des engrais, de la forêt primaire ou de l'éthique des données, etc. Les gouvernances des grands groupes n'ont pas mis en place de processus consultatifs dignes de ce nom depuis des décennies pour intégrer objectivement dans leurs travaux les perceptions et interrogations de la société civile. Notre constat sur le terrain permet d'affirmer qu'ils n'écoutent que les experts qui les confortent ou ceux qu'ils paient. Le concept de « parties prenantes » reste largement théorique dans les grandes entreprises; on assiste à des paniques politiques chaque fois qu'une ONG est invitée. Les grandes entreprises ont laissé ces ONG aux portes des tours et ce sont elles maintenant qui font l'agenda et qui détiennent l'expertise. Comment récupérer trois décennies d'autisme culturel et sociétal alors que jamais les enjeux n'ont été aussi cruciaux?

Ne devrait-on pas prendre exemple sur ce qu'il s'est passé, il y a plusieurs années, lorsque les gouvernances ont absorbé la représentation salariée dans leurs instances; elles leur ont imposé leurs règles, au nom de l'intérêt social de l'entreprise qui lie tous les administrateurs. Combien d'entreprises en sont mortes?

L'expérience accumulée, en Allemagne, dans les pays nordiques notamment, démontre que la représentation salariée apporte à la gouvernance une diversité d'approche et une ouverture aux impacts sociaux. On laisse encore à la loi le soin de fixer les seuils de représentation, à partir de négociations politiques au plus haut niveau, alors que les entreprises devraient se donner la liberté de composer leurs instances selon leurs propres conventions, au regard de quelques principes de droit commun. La guerre froide a duré plus longtemps dans les entreprises que dans la vie diplomatique.

Or, pendant ce temps, les conseils d'administration ont acquis une expertise dans la définition des stratégies, le contrôle du management, la gestion des actifs, et ont amélioré leur suivi d'un résultat opérationnel, mais elles sont beaucoup plus faibles dès qu'on touche aux controverses sociétales, et surtout aux questions d'équité, comme le partage de la valeur, qui fait rarement l'objet d'une discussion en profondeur, voire d'un suivi de ses évolutions, et surtout d'une négociation sur la façon dont l'entreprise devrait allouer ses richesses en cohérence avec sa mission et sa contribution voulue à l'utilité collective. Mis à part les questions concurrentielles ou le secret courant des affaires, les conclusions du conseil ne devraient-elles pas progresser aussi en transparence et en ouverture sur les vrais débats de notre époque ?

En passant d'un pilotage économique à une vraie gouvernance de projet collectif, l'entreprise gagnera en pérennité, mais aussi en légitimité et elle pourra accéder à un statut justifiant des négociations positives avec les parties prenantes, ce qui n'est pas le cas aujourd'hui où les interpellations se terminent parfois en procès, par des guerres de communication et de la destruction de confiance dans tous les cas. Encore faut-il que l'entreprise change ses processus de recrutement en incorporant des compétences issues de la société civile et qu'elle mette à l'ordre du jour de ses conseils d'administration les questions sociétales qui viennent modifier son offre attendue. Une gouvernance « parties prenantes » devrait pouvoir négocier avec ses actionnaires, les salariés aussi, un niveau de rendement à moyen terme sur lequel elle s'engage, afin de rendre possible sa transformation. Elle devrait pouvoir ainsi échanger une liquidité moindre sur ses titres, contre des garanties de résultats dans le temps. La gouvernance durable à l'européenne devrait s'exercer ainsi dans le cadre de contrats d'objectifs, passés avec ses parties, dont le conseil aurait la mission majeure de proposer et de suivre l'exécution des objectifs correspondant à son projet. La crise vécue par Danone a révélé ce déficit de dialogue entre les acteurs dirigeants, bien regrettable.

L'intégration de l'intérêt général dans la décision de l'entreprise appelle une évolution de l'expertise sociétale des gouvernances

Une entreprise européenne décide aujourd'hui en fonction de ses intérêts financiers étroits, les plus immédiats, dans le cadre des lois qui s'imposent à elle, mais sans plus ; les gouvernances en rajoutent le plus souvent dans ce mercantilisme limité qui se contente d'approuver les bilans et de chercher à les améliorer. Ceci est le non-dit sur lequel on a recruté les administrateurs, en soutien du dirigeant qui les a sélectionnés. C'est l'héritage culturel d'un capitalisme qui s'est développé d'abord dans une filiation familiale et de classe, puis sous un leadership de financiers de formation américaine. Il est devenu aussi une technique d'enrichissement de ses managers, la société étant supposée y trouver son compte par le « ruissellement » des résultats des entreprises.

L'Europe s'est ralliée tardivement à ce modèle, plus habituel dans les groupes cotés que les entreprises familiales qui constituent l'essentiel de son tissu économique, même s'il est encore plus conservateur dans ce contexte. C'est en tout cas l'espace le moins audacieux de l'entreprise contemporaine et celui où on devrait imaginer des ruptures d'approche très fortes pour gouverner mieux l'entreprise au cœur des questions de société qui conditionnent sa pérennité économique.

Si l'intérêt social de l'entreprise est un concept fondamental pour cadrer sa bonne gouvernance, il mérite d'être mieux défini, ne se réduisant pas à celui de ses actionnaires ; il doit prendre sa place au regard de l'intérêt général de la société qui est aussi sa finalité, comme l'a reconnu la dernière définition légale de la société commerciale votée dans la loi Pacte (voir la prise en considération des enjeux sociaux et environnementaux). Le concept ne pourrait-il pas s'enrichir aujourd'hui d'une définition d'un intérêt général européen qu'il serait demandé à toute entreprise européenne de considérer ? Ce concept prend une place dans les consciences de nos concitoyens, clarifié depuis le départ des Britanniques et conforté par la pression d'un État de droit commun que l'Union européenne fait avancer en douceur à l'encontre de ses membres à l'Est qui ont encore du mal à sauter le pas vers un destin commun. C'est encore un défi pour les vingt années qui viennent qui pourrait déboucher sur une personnalité économique affirmée, pour autant que le modèle économique communautaire se mette en phase avec les attentes de ses populations, les valeurs démocratiques, une diplomatie proactive et une gestion durable et responsable de plus en plus standardisée. Cette dynamique à l'œuvre se ressource dans la culture européenne qui a toujours été animée par la recherche d'un intérêt supérieur transversal, capable de surmonter les stratégies particulières, dans le droit fil d'une idée universaliste de l'Europe. On ne se refera pas et, après tout, n'est-ce pas l'aveu d'une quête de l'altérité qui nous habite et que nous n'avons jamais bien résolue ?

Pour réaliser cette mutation, encore faut-il que de nombreuses entreprises européennes s'intéressent à cet intérêt général européen en gestation. Pour autant qu'il existe des entreprises européennes, c'est-à-dire des projets économiques et sociaux qui ne sont pas seulement détenus majoritairement par des intérêts européens, mais dont les managers poursuivent un objectif de production en Europe, de relations complémentaires avec les autorités et la société civile européenne autour de nos enjeux collectifs et qu'ils participent au fond à l'émergence de règles, de projets qui rendent la population européenne plus forte au regard de ses enjeux d'avenir, dont la question climatique en priorité. Cette cristallisation culturelle qui devrait motiver les entrepreneurs européens, promue de façon volontariste aujourd'hui par le commissaire Thierry Breton, est sûrement le défi de la génération des nouveaux décideurs, pour autant que leur formation les encourage à pratiquer cette vision collective durable et responsable, qui est un moteur puissant, et qu'un collectif les soutienne, allant de notre système financier à notre dynamique technologique et de régulation. Il y a là un rebond majeur à susciter dans le cœur et la tête de nos entrepreneurs trentenaires ou quadra qui prennent aujourd'hui les rênes de nos firmes si on veut installer une relation responsabilisée et non pas instrumentalisée entre l'entreprise et la société. C'est dans cette relation ouverte que se jouera la réalité possible d'un « capitalisme parties prenantes » à l'européenne, face au capitalisme d'État à la chinoise qui décide de tout et au capitalisme conquistador à l'américaine qui poursuit son projet impérial en se cachant derrière ses oligopoles.

Pour réussir cette prise en charge d'un destin économique européen par nos capitaines d'industrie, non seulement ceux-ci ne doivent plus se concevoir en mercenaires, courant d'un mandat l'autre au plus offrant, mais ils doivent se comporter en citoyens assumant nos valeurs européennes, la démocratie en premier lieu, mandatés par des épargnants européens, leurs gestionnaires, mais aussi les représentants sociaux et professionnels de toutes les parties, avec le soutien de régulateurs qui en sont comptables, pour que l'emporte finalement cet « intérêt général européen » à quoi on mesurera notre identité économique.

Le facteur le plus déterminant de cette prise en charge de notre vision européenne va se jouer dans les campus des *business schools* où le « copié-collé » des enseignements des maîtres américains est devenu une seconde nature, depuis qu'on leur a abandonné la réflexion et la recherche sur la nature de l'entreprise, créatrice de richesse pour elle-même. Ouvrons le manuel de marketing le plus connu et on y retrouvera les modes d'action formalisés par les agences de publicité américaines il y a trente ans. *Idem* pour les bibles de la finance, lesquelles ont été droguées aux outils de marché, elle n'enseigne jamais son éthique, ses impacts sociaux et sa responsabilité sociétale ; elle s'est mise à l'ESG comme une technique supplémentaire de gestion de risques, sans plus. Il existe peu ou prou des cours marginaux sur l'éthique des affaires dans nos écoles de gestion, mais aucune réflexion sur le rapport dynamique complexe entre l'entreprise et la société, sur l'évaluation des impacts, à l'exception qui confirme la règle, d'un enseignement précurseur créé à HEC sur l'inclusion et les méthodes du BOP (Base of Pyramid), parce que quelques firmes pionnières européennes ont financé des expériences originales. Mais combien d'ONG professent dans nos amphithéâtres, combien d'expertises syndicales sont appelées en soutien alors qu'elles détiennent un regard majeur sur la marche de la société, pour ne pas parler des régulateurs jamais appelés à expliquer comment on construit des arbitrages collectifs et quelle devrait être la place de l'entreprise dans une chaîne de décision collective ouverte, en démocratie. On pourrait s'interroger bien plus encore sur la place de la gestion humaine dans ces recettes d'efficacité transmises aux futurs cadres, sur le rapport aux acteurs publics et la compréhension macro-économique du monde contemporain dominé par l'Asset management américain dont ils s'apprêtent à servir les intérêts sans se poser de questions de fond. Cette cécité sociétale est encore accentuée dans les écoles d'ingénieurs qui professent le primat de la technique et la répétition des expériences, sans jamais introduire l'évaluation des choix du point de vue des citoyens et de l'intérêt collectif élargi, comme si les ouvrages existaient en soi et non pas au service d'une utilité collective qu'il faudrait apprendre à définir.

Tant qu'on partira de l'*a priori* que l'entreprise est une machine à optimiser l'utilisation de ses ressources dans l'intérêt du mandataire le plus puissant, on courra derrière l'efficience à l'américaine qui a su effectivement dégager un corpus de méthodes inégalé à cet effet. Mais nous y perdrons notre souffle car nos sociétés civiles ne nous suivent plus sur cette voie ; de même que les nouvelles générations d'entrepreneurs qui ne trouvent plus leur compte dans ce mercenariat destructeur des écosystèmes sociaux et environnementaux, jamais étudiés et considérés dans l'équation entrepreneuriale dont les références simplistes sont les *business cases* de Procter ou Amazon.

Le modèle enseigné doit s'émanciper du mythe du progrès sans impact sur la société

Les campus d'affaires européens ont encore du chemin à faire pour passer à une intégration complète et sérieuse des questions de durabilité dans les enseignements de gestion qui ont trente d'âge et plus, en posant de nouveaux principes, et en faisant de la pédagogie de la direction responsable et durable de l'entreprise un objectif en soi ; certes rénové à travers une sophistication de moyens qui ne font que les éloigner d'une finalité sociétale qui ne semble pas les motiver, ces enseignements se réfèrent aux maîtres anglo-saxons qui occupent sans état d'âme un leadership incontesté dans les techniques d'optimisation des ressources productives, capital humain compris. Aveuglés par une fuite en avant technique autour des seules valeurs d'efficience, incapable de s'auto-évaluer sur d'autres critères discutés avec les partenaires locaux des entreprises, fermés aux regards des parties prenantes critiques et ne sachant même pas quel modèle d'entreprise il faut encourager, la plate-forme tout numérique, la start-up à vendre ou le grand groupe du siècle passé, nos campus se noient dans le classement de Shanghai. Il faudrait inventer un classement en termes d'impact sociétal positif des formations économiques et techniques, les nourrir de recherches multi-disciplinaires, avec l'aide des sciences sociales, et les soumettre à un pilotage multi-parties prenantes qui veillerait à ce que le dirigeant d'entreprise européen soit plus qu'efficace, c'est-à-dire aussi citoyen et responsable, en charge de la durabilité du modèle économique collectif autant que de la pérennité économique de son organisation.

Utopie et nécessité politique à la fois, la rénovation de ce maillon essentiel de la chaîne des savoirs que constitue la formation des dirigeants économiques n'est plus dissociable de l'impératif de définition d'un « intérêt général européen » qui devrait entraîner une autre façon de penser, de vivre, de gérer et d'améliorer la contribution de l'entreprise à la société. Il ne s'agit pas d'autre chose que de projeter enfin un autre idéal d'entreprise que le modèle productif asocial que l'Amérique n'a cessé de pervertir en imposant son hubris, nous-mêmes courant derrière par paresse.

Pour y parvenir, l'entrepreneur européen doit se saisir de cet « intérêt général européen » qui est au cœur de l'équation complexe dont il a la charge. La première conséquence intellectuelle est de cesser de penser qu'il faut délaisser aux acteurs publics dont c'est le métier la gestion des questions collectives, en tout cas leur évaluation. La chose publique ne doit plus être perçue par les entrepreneurs européens comme une contrainte à minimiser – obsession du moins d'État – ou un domaine à part dont elle n'est ni en charge, ni compétente. Cette séparation historique des rôles est totalement idéologique, elle repose sur une convention trompeuse qui dédouane l'entreprise de devoir prendre en charge ses impacts. Elle est héritée de la conception très libérale de l'économie qui a fait tout pour maximiser la valeur du résultat comptable en reportant ailleurs les charges induites dont elle parvient à s'exonérer, jusqu'à justifier l'optimisation fiscale, la sous-traitance aveugle, l'exonération de contrats et la non-responsabilité des effets indirects de son influence.

Cette démission collective originelle des entrepreneurs à l'égard de la gestion publique pose un problème énorme au temps de la mondialisation triomphante car, en plus de réduire son champ de responsabilité au maximum, l'entreprise libérale ne veut reposer sur aucune base de droit international qui l'obligerait à rendre compte en tant que groupe solidaire d'un écosystème sociétal. De fait, aucun texte ne reconnaît l'existence d'un groupe dans son périmètre d'influence réelle, il n'existe que des personnes morales nationales qui agissent dans chaque pays. Si le groupe en consolide néanmoins les profits, il ne se veut pas solidaire des actions accomplies. Les jurisprudences qui surgissent ici et là pour faire condamner telle maison mère pour des dommages au bout du monde restent rares et sont le résultat de combats judiciaires interminables. Ce vide juridique organisé n'est pas sans lien avec la gestion oubliée des biens communs que sont les ressources naturelles, les sources du vivant, les espaces destinés aux générations futures et propriété de personne, c'est-à-dire le patrimoine d'une humanité solidaire dans le temps et l'espace sur lesquels on ne demande pas des comptes aux entreprises dans le bilan de leurs filiales. En ne voulant pas se reconnaître une responsabilité mondiale, l'entreprise ne veut pas non plus se voir reconnaître une responsabilité dans le temps et sur le patrimoine collectif auquel elle pourrait être associée, alors qu'elle en tire un profit courant. Ce déni d'humanité est plus qu'une problématique de droit à corriger : c'est un saut conceptuel à opérer qui doit induire pour tout acteur économique ayant certains impacts sur les enjeux communs un devoir d'étude et de prise en charge dont il est redevable vis-à-vis de la communauté humaine tout entière. Encore faut-il, là aussi, changer les représentations, les projections idéalisées et les cadres juridiques en vigueur, afin d'intégrer dans la finalité économique l'impact collectif qui existe bel et bien en fait.

La méthode d'intégration des « intérêts généraux » dans les politiques d'entreprise, caractéristique nécessaire à l'affirmation d'un modèle économique européen, peut survenir à travers trois réformes fondamentales des pratiques actuelles, issues largement du lobbying à l'américaine qu'on s'est mis à accepter et imiter sans réfléchir à sa perversité dans le jeu démocratique. La première consiste à confier aux organisations professionnelles et sectorielles une mission de coproduction de la régulation équilibrée des activités en lien avec la société civile et les pouvoirs publics, en quittant le terrain du plaidoyer corporatiste et du marchandage qui ne mènent qu'à des dispositions nuisibles à toutes les parties. L'exemple le plus évident est celui de l'industrie pharmaceutique, dont l'organisation professionnelle ne cherche qu'à élever d'année en année les niveaux de remboursement des médicaments, sans procéder d'abord de façon collective à une évaluation transparente des besoins, des capacités de prise en charge, des justes profits et des investissements souhaitables dans le but d'une amélioration continue de la santé publique par-dessus tout. La régulation anglaise a fixé pour ce secteur un niveau de profit autorisé, calé sur le seuil des meilleures performances des secteurs technologiques, arrêté par une commission indépendante, laissant ensuite les acteurs de santé négocier leurs prix; les Français fixent un seuil de croissance qui se réfère à des objectifs généraux de santé publique. On voit que les tentatives sont nombreuses pour concilier capacité d'investissement et conformité publique, mais on attend toujours la doctrine européenne qui nous sortirait de ce bras de fer public-privé qui donne le sentiment à la société civile qu'elle est un puits sans fond au service des entrepreneurs les plus habiles.

La deuxième transformation nécessaire est une prise en charge des externalités environnementales et sociales à travers des programmes qui associent là aussi le tripode clé de toute régulation – État, entreprises, société civile – avec des études, des agendas, des financements, des innovations encouragées, que les acteurs économiques s'engagent à respecter de façon contractuelle, dans le cadre de plans d'action à long terme. Encore faudra-t-il franchir à cet effet le fossé profond de la non-transparence des marges qui nourrit toutes les suspicions. Et pourquoi faut-il toujours cacher les marges ?

La troisième méthode est l'institutionnalisation des « cercles parties prenantes » pour instruire objectivement et faire remonter à la gouvernance de l'entreprise les avis extérieurs, les controverses, les mises en cause issues de tous les canaux sociétaux qui ont à faire avec l'entreprise. Il est normal qu'une entreprise suscite des impacts négatifs, mais il n'est pas normal qu'elle ne cherche pas à les traiter vraiment, de bonne foi. Les campagnes de dénégation des effets pervers des insecticides par les industries chimiques, sans parler des CFC, de l'amiante ou du bisphénol, devraient ressortir d'un délit d'atteinte à l'intérêt général et être sanctionnées dans une société démocratique qui met au-dessus de tout la santé garantie à l'égard des populations. Si on inverse ainsi le rapport de l'entreprise à la société, en passant d'une posture manipulatrice à une posture collaborative, on rendra illégitime les pantouflages qui permettent à un grand fabricant de cigarettes de s'acheter les services d'une personnalité du Conseil d'État ou à l'association des laboratoires de salarier un inspecteur des affaires sociales pour diriger ses affaires publiques. L'intégrité n'est pas une vertu pour des fonctionnaires austères, mais une pratique de gouvernance basique qu'il faut faire noter plus précisément, pas seulement par les investisseurs, mais par les autres parties prenantes, pour que les citoyens soient enfin assurés que le business ne se fait pas contre eux, mais pour eux.

Un tel cadre de valeurs universelles à faire respecter par toutes les entreprises internationales pourra-t-il voir le jour ? Ce n'est pas une interrogation morale, mais bien un enjeu de gouvernance collective.

Depuis que la communauté mondiale a obtenu la fin de l'apartheid en Afrique du Sud, non sans forcer nombre d'entreprises à respecter un embargo qu'elles ne pratiquaient pas spontanément (voir les principes de Sullivan), le combat pour le respect des droits humains par et dans l'entreprise a nettement progressé, grâce à l'adoption des principes des Nations unies, dits principe de Ruggie, les rapports des ONG (Amnesty, Fédération internationale pour les droits humains, FIDH), le rôle de médiation de l'OCDE (principes directeurs pour l'investissement international dits de *business responsible conduct*) et les procès retentissants comme celui de Pretoria pour l'accès aux traitements du VIH dans les pays pauvres ou contre le travail des enfants au Pakistan dans les usines de Nike. La dynamique de cet enjeu repose sur le risque de réputation qu'aucune marque ne peut plus sous-estimer. Il reste toutefois un champ de discriminations encore très important dans le monde, concernant le travail forcé, les situations d'exploitation faites aux femmes, la place des minorités ethniques ou des personnes handicapées, les conditions de travail dans les mines non contrôlées, le respect des droits syndicaux et des lanceurs d'alerte aussi, etc. La judiciarisation des Points de contact de l'OCDE et leur regroupement en Europe devraient être des réformes indispensables pour passer du temps des recommandations pour la bonne conscience au temps de l'engagement pour rendre la mondialisation acceptable, mais cela fait des années qu'on en parle et rien n'avance vraiment.

L'attitude spontanée des entreprises est de s'en tenir au respect de la loi et d'attendre, le plus souvent tête baissée, que la loi s'installe, comme c'est le cas aujourd'hui du projet de traité porté par les Nations unies sur le sujet des droits humains, trop peu encouragé par le monde des affaires. Or, cet enjeu des droits humains se pose d'autant plus aujourd'hui que l'externalisation des activités est une caractéristique de l'industrie moderne, faite d'assembleurs qui s'approvisionnent dans les pays aux moindres coûts qui ont aussi des situations sociales faiblement protectrices de leurs salariés. Il aura fallu le drame du Rana Plaza pour remonter les standards de l'industrie textile au Bangladesh. On sait aussi que les firmes ne cherchent pas trop à savoir si leurs fournisseurs ont pour partie à voir avec la répression épouvantable contre les Ouïghours, l'exploitation des enfants dans les mines de cobalt ou de lithium de la République démocratique du Congo et si les Népalais qu'on emploie au Qatar sont bien libres de leur mouvement. C'est tout l'enjeu du contrôle de la chaîne de valeur dont l'Europe vient de se saisir dans le sillage de la loi française dite du devoir de vigilance, afin que nous n'acceptions pas chez nous des produits qui n'offriraient pas la garantie que tout a été fait pour se prémunir de tels risques d'exploitation humaine. C'est un combat symbolique qu'on qualifiait d'impossible parce que compliqué techniquement et gênant politiquement et, pourtant, il sera atteint prochainement, grâce à la directive Reynders et à l'engagement sincère de nombreux distributeurs qui se sont emparés de ce combat (voir organisation collective Consumer Goods Forum).

Ces avancées progressives confortent la vocation du projet européen qui a mis, là aussi, plusieurs décennies à se mobiliser pour construire un État de droit économique qui s'impose à tous les opérateurs sur son marché. Il est possible de rompre enfin avec une conception qui met les affaires au-dessus des droits humains et qui privilégie l'abus de faiblesse dans les régulations locales, sous couvert d'arguments de concurrence ou de non-ingérence qui ne servent qu'à entretenir des situations inacceptables, pour nous. La grande déception provient de la faiblesse de l'application des principes OCDE dont les Points de contact nationaux en charge de leur suivi n'assument pas leur mission proactive. Elle est aussi dans l'attitude courante des directions juridiques d'entreprise qui ne conçoivent leur mission que pour diminuer le niveau d'engagement de leurs dirigeants et sortir les contextes d'activité de leur champ de responsabilité. Pour autant, la progression incroyable du dossier fiscal, de la transparence des données jusqu'au seuil d'imposition minimum des entreprises de 21 %, proposé par la secrétaire d'État au Trésor des États-Unis, démontre la pression supérieure des enjeux collectifs sur des stratégies d'acteurs hyperpuissants qui constituent le premier risque pour que le capitalisme reste légitime dans le jeu démocratique. Le rendez-vous des gouvernants est désormais le seuil de part de marché mondial des grands opérateurs, dans la technologie, mais surtout dans l'industrie financière où les sociétés de gestion sont quelques dizaines à contrôler la grande partie de l'épargne mondiale (50 000 milliards de dollars détenus par vingt-cinq acteurs) et dont quelques-unes détiennent l'essentiel des droits de vote des sociétés cotées. Et ce n'est pas le 1 % du PIB mondial dérivé vers la philanthropie qui peut justifier ce niveau jamais atteint de monopolisation du capitalisme mondial. Chance ou obstacle, la nécessité de faire entrer la Chine dans cette « décartellisation » de l'économie mondiale sera le grand marchandage des années qui viennent.

L'entreprise européenne peut-elle montrer l'exemple d'une prise de responsabilité négociée avec son État régulateur et convenue avec les organisations internationales ? C'est une question qui est posée à chaque dirigeant concerné. Nos consommateurs, salariés, épargnants et citoyens attendent que l'entreprise européenne ait un niveau d'exigence de sa responsabilité cohérent avec les valeurs de la société européenne qu'on leur demande à eux-mêmes de respecter. On sait que les États-Unis, mais aussi les pays émergents aux faibles contraintes sociales, n'ont jamais facilité l'adoption de principes généraux de droit supérieurs aux règles de marché. La fameuse norme de RSE, dite ISO 26000, n'a pas pu être certifiable de ce fait, car de très nombreux pays, riches et pauvres s'étaient opposés dès les années 2000 à ce que des normes non tarifaires viennent limiter les contrats privés, s'agissant notamment de conditions de travail souveraines. L'enjeu est plus que jamais d'actualité. Les décisions que l'Union européenne devra prendre dans les mois qui viennent en faveur de la gouvernance durable, de la finance durable, du devoir de vigilance, refléteront sa capacité à considérer qu'il ne peut pas y avoir de cadre économique qui ne soit soumis à un cadre de droit, définissant les conditions minimales à respecter concernant les droits humains, sociaux mais aussi les règles d'éthique à l'égard de ses fournisseurs, la lutte contre la corruption, le respect des identités culturelles et d'origine, les données privées, les opinions, bien entendu, mais aussi la neutralité politique des entreprises. Les garanties attachées à la citoyenneté européenne ne sont pas dissociables de la protection due à toute personne œuvrant pour son bien-être économique. La constitution de ce corps de principes généraux applicables à tout groupe, le long de sa chaîne de valeur mondiale, dès lors qu'elle commerce en Europe, est notre défi politique majeur, car aucune autre zone ne le fera dans le monde et aucune organisation internationale ne parviendra à la faire émerger à l'horizon. Le droit mondial des groupes internationaux, contrôlé par toute juridiction européenne, consacrerait ainsi la mission géopolitique de l'Europe pour construire une régulation économique qui ne verrait pas le jour autrement si on ne commence pas à nous l'appliquer à nous-même.

Cette exigence du cadre légal mondial pour les affaires n'est pas la seule différence à installer vis-à-vis de nos partenaires commerciaux, quels qu'ils soient. Elle a une autre face que ne peut nous disputer aucune autre zone concurrente, c'est la part accordée à la solidarité et à l'équité dans notre modèle, développée plus qu'ailleurs pendant les grandes années de l'État-providence et que la pandémie a rendue plus que jamais indispensable. Elle est au cœur du consensus social européen et des politiques de redistribution, mais elle est aujourd'hui en crise, tiraillée entre le refus de l'assistance, indue pour les uns, et la montée du revenu universel, plus gérable pour les autres.

Inévitablement, les entreprises européennes ont pris leur part dans cette évolution, en confirmant une prise en charge élargie de la protection des salariés, notamment vis-à-vis des risques de chômage, de santé, d'employabilité aussi, au nom d'une vision extensive de la mission sociale de l'entreprise. Les organisations professionnelles ont été souvent tentées de plaider une distorsion de concurrence sur ce terrain, mais, fondamentalement, le jeu social contractuel européen a permis de conserver un niveau élevé de prise en charge qui fait partie de nos valeurs et des amortisseurs sociaux utiles à la résilience économique européenne, comme on a pu la vivre dramatiquement pendant la crise du Covid-19. Parallèlement, les entreprises n'ont cessé de comprimer leurs effectifs en Europe au profit d'un emploi accru à l'international; elles ont eu tendance à faire de la main-d'œuvre, comme partout, la variable d'ajustement de leurs stratégies, ce qui se voit dans la part de plus en plus contenue des rémunérations dans le partage de la valeur ajoutée des groupes (moins de 20 %), au profit de celle accordée de plus en plus aux actionnaires (supérieure à 20 %), la fiscalité étant la grande perdante de cette allocation en tendance mondiale. L'installation d'un consensus autour de niveaux recommandés de partage de la valeur devrait faire partie du consensus à bâtir autour d'un modèle nouveau.

Notre modèle d'affaire « para-américain » atteint aujourd'hui sa limite avec la perte d'attractivité de nos grandes entreprises vis-à-vis des jeunes talents qui préfèrent créer leur propre projet. On a là une réserve de compétitivité pour l'économie européenne si on sait ressourcer le contrat salarial pour faire des valeurs de solidarité et de justice, de dialogue et d'engagement un paramètre de notre identité, alors que la tendance mondiale est à amplifier la pression sur les salariés et les cadres et à fragiliser toute l'architecture de l'emploi. L'avantage culturel social européen doit être vu de ce fait comme un atout dans la compétition mondiale et non comme une différenciation coûteuse. Surtout si on a compris que, dans la course à la productivité des économies modernes, nous ne disposons pas de l'avantage du temps de travail et que nous avons atteint le seuil d'acception de la philosophie cynique du *cost-killing*. Il nous faut donc miser sur la qualité d'exécution et l'engagement des salariés, à travers un contrat social élargi, à l'européenne.

L'Europe saura-t-elle encourager l'utilité sociale pour en faire un critère d'orientation des règles de marché

Et si le vrai progrès n'était pas d'abord l'utilité sociale d'une innovation ? L'apport d'un service aux populations, apprécié dans son bilan global, mais aussi dans la façon dont il est mis en marché loyalement, rendu accessible au plus grand nombre, géré équitablement de sa production à sa fin de vie et réalisé dans le découplage qui diminue l'empreinte sur l'environnement, est l'équation qui doit gouverner la valeur. Ces composantes de la démarche durable s'appliquent à l'entreprise, mais aussi aux produits, ce qu'on sait qualifier et mesurer de mieux en mieux avec des indicateurs précis et comparables. La révolution de la métrique rendue possible avec la digitalisation croisée de toutes les données, qu'elles concernent l'entreprise, comme le fait la notation 360° d'EcoVadis, ou celle des produits, avec Yuka, permet à tout un chacun d'entrer dans les coulisses de l'économie et d'exercer ses préférences en connaissance de cause. Ce contrôle social – dont les Chinois sont aujourd'hui les champions ! – a au moins l'avantage de révéler la réalité des offres et de permettre leur traçabilité, au regard de critères d'impact qui ne se limitent plus aux flux monétaires des ressources utilisées. C'est un progrès considérable pour l'intelligence collective, si nous nous attachons à en partager le fonctionnement.

L'Europe s'est investie dans cette métrique globale, en prenant le relais d'une ONG remarquable, la Global Reporting Initiative (GRI), qui a ouvert la voie dans un monde où il était vain de solliciter l'impact social ou environnemental d'une entreprise. Nous sommes aussi le continent où le secteur de l'économie sociale, composé d'associations, d'entreprises sans but lucratif, est le plus important, au point de participer à hauteur de plus de 10 % de l'emploi. Les fondations y jouent aussi un rôle important dans le contrôle d'entreprises, comptant des nombreux champions, comme Novo Nordisk dans la pharmacie, Bosch dans l'automobile. Le secteur bancaire appartient pour une bonne partie à ses sociétaires-clients. Et le capitalisme familial, en Italie, en Allemagne, en Europe du Nord, pèse beaucoup plus que le secteur coté en Bourse. Cet état de fait exprime un fait structurel qui est l'ancrage de notre activité économique dans son tissu sociétal d'origine depuis le XIXe siècle. Si l'enrichissement individuel reste une motivation de la création d'entreprise, le capitalisme européen se caractérise toujours par une insertion forte dans son tissu local, avec des entreprises-villes qui animent pas mal de territoires de longue date, comme Michelin, Volkswagen ou Schneider, et qui, pour plusieurs d'entre eux, ont réussi à confirmer ce choix en le conciliant avec leur expansion internationale. L'écosystème industriel du Nord de la France, comme celui de la Lombardie, de la Bavière, s'inscrit dans des traditions culturelles fortes autour de chefs d'entreprise très engagés socialement et assumant leur conviction en faveur d'une pérennité qui est la vraie priorité de leur projet. Si les délocalisations ont malmené ce tissu historique, elles ne l'ont pas asséché ; l'externalisation des fonctions productives l'a modifié mais elle a aussi permis le passage à l'ère numérique. Le pouvoir industriel européen, contrairement à la tendance américaine qui voit actuellement trois à quatre gestionnaires d'actifs détenir plus de 10 000 milliards de patrimoine économique, est encore entre les mains de ses familles de fondateurs, de managers qui ont des valeurs personnelles robustes et des cadres qui croient dans la dimension sociétale d'une activité en région. Leur frustration n'en est que plus perceptible à l'égard de prédateurs qui ont vendu leur groupe pour un plat de lentilles et des dirigeants qui s'attribuent une part excessive de la richesse disponible. Le point commun de cette solidité consubstantielle au tissu économique européen qui tient bon aujourd'hui est une préoccupation d'utilité sociale qui équilibre le sens de la performance dont les entrepreneurs européens ne sont pas moins pourvus que leurs homologues d'outre-Atlantique. Reste à consacrer cet ancrage en inventant une représentation des territoires dans les instances de suivi de ces entreprises pour les associer plus étroitement, dans la perspective des bons et des mauvais jours.

Cette question de l'utilité sociale d'une offre est complexe à appréhender dans des sociétés droguées au marché, où il suffit qu'un bien se vende pour qu'il soit légitime, quels que soient ses impacts ou son apport à la vie collective ;

la preuve, la commande publique ne parvient toujours pas à encourager les offres les plus durables. Cette notion d'utilité suscite forcément un malentendu dans la tête de marketeurs mandatés pour susciter le désir; leur influence sur nos esprits est à l'origine de nos réflexes, habitudes et comportements d'achat auxquels nous ne réfléchissons plus jamais. Le marketing ne croit qu'à la réponse émotionnelle au stimulus publicitaire, grâce auquel on a vendu tant de produits aussi originaux qu'inattendus et inutiles qui ont fait le succès de la société de consommation, société de l'avoir par excellence, devenue aussi celle du paraître. Les pressions qu'exercent les exigences de durabilité, que s'approprient une part croissante de la population, transforment progressivement les motivations profondes des consommateurs-citoyens et mènent à des démarches de repli, de sobriété, de discernement et de sélection des offres dont personne n'anticipe les conséquences. « Pourvu que ça dure » est la devise des entreprises aux mains de leur service marketing qui oublient la leçon fondamentale de Viviana Zelizer[1] selon laquelle « c'est la sociologie qui fait l'économie, pas l'inverse ». Il n'est pas dit que le marketing saura s'adapter à cette mutation des ressorts. Les marques sont condamnées à réinventer leur relation au consommateur en rééquilibrant le pacte de confiance avec les clients, à travers des valeurs plus solidaires qu'individualistes, plus raisonnées qu'impulsives, soutenant l'engagement plus que la vanité. Mais cela suppose que la crédibilité des promesses sociales l'emporte sur le scepticisme de générations manipulées qui n'ont plus

1. Viviana Zelizer, *Economic lives; how culture shapes the economy*, Princeton, Princeton University Press, 2011.

envie de se prêter à des jeux commerciaux décalés. Le succès inattendu de « la marque des consommateurs », rémunérant délibérément plus les producteurs, a ouvert un nouveau chapitre du marketing. Il convient que l'Europe s'engouffre dans cette remise en cause des canons de l'économie de marché sans pilote, au-delà des labels publics intéressants, en différenciant délibérément les fiscalités selon une grille d'utilité sociale qu'il est possible de définir ouvertement.

Ce débat d'orientation peut sembler dérisoire pour des populations pauvres qui subissent les publicités envahissantes de boissons sucrées alors qu'elles n'ont même pas d'eau à portée de main. Tout bien a en réalité une valeur d'usage, liée à son utilité, et une valeur d'image, associée à sa représentation. Mais le propre d'une économie durable est de remettre en cause ce ratio pour diminuer les coûts liés aux gaspillages ou aux composantes émotionnelles qui limitent l'accès aux produits pour le plus grand nombre. À ce jeu, l'Europe est bien placée si elle s'empare de cette logique de durabilité pour économiser les ressources, limiter les coûts inutiles et les propositions dénuées de sens qui faussent la perception de l'utilité réelle d'un bien, et donc son prix, lequel doit se rapprocher de la valeur sociale et économique qui le justifie. Au nom de l'utilité sociale, on n'a pas fini de revisiter nos étalages et de nettoyer nos linéaires pour dégager du pouvoir d'achat et faire perdurer au final les entreprises qui savent répondre aux besoins et pas seulement à ses apparences. Issue d'une économie réelle qui s'est construite dans les épreuves et sur des valeurs d'épargne, l'économie européenne a des atouts pour réussir cette métamorphose qui nous fera sélectionner les réponses aux besoins justifiés et aux impacts maîtrisés, en lieu et place de l'économie factice entraînant le consommateur dans une illusion désespérante qui tente de se survivre encore. Encore faut-il le vouloir et créer des passerelles négociées entre le public et le privé qui rompent avec le droit souverain de l'entrepreneur qui a raison parce qu'il vend.

De fait, on s'est abandonné dans notre appétence pour le progrès, à croire qu'il suffisait que celui-ci ait des retombées sociales pour qu'il se justifie en soi. C'était faire fi rapidement du couple impact/utilité, comparable au couple structurant bénéfices/risques qu'on pratique de longue date en santé. Ce dépassement de la dimension technique au profit de la dimension sociale nous distingue de la culture de consommation américaine en lui ajoutant un principe supérieur, hérité de la Renaissance et des Lumières, le fameux « science sans conscience n'est que ruine de l'âme » de Rabelais qui n'a jamais été aussi justifié. Il nous a conduits au principe de précaution qui est tout sauf une limite à l'innovation, mais bien plutôt son insertion dans une réflexion prospective sur les conséquences possibles à prévenir dès lors qu'on peut infliger à l'autre un dommage qu'on devine et qu'on ne peut laisser produire inconsidérément. On a vu dans la mise en place des fréquences 5G des entreprises se poser des questions sur l'utilité et l'impact de telle application et d'autres partir aveuglément pour gagner la course au plus offrant. Les consultations parties prenantes sont faites pour accompagner les innovations et réguler les impacts sociaux négatifs, mais encore faut-il jouer le jeu de part et d'autre. La justification du « capitalisme parties prenantes » consiste ainsi à passer d'une décision simpliste en faveur du producteur avant tout à un arbitrage qui va faire la part entre les intérêts des salariés, des clients, fournisseurs et citoyens, à l'issue d'une consultation ouverte et d'une négociation circonstanciée. Les Européens sont mûrs pour cette modélisation, mais encore faut-il que, sous l'impulsion d'États moins tutélaires et avec l'aide d'une société civile moins défiante, les entreprises puissent prendre le risque d'un déploiement négocié de leurs innovations, au-delà d'un consensus parfois introuvable, pour aller chercher l'intérêt sociétal élargi créateur de résilience pour les organisations qui pratiquent cette ouverture. Les consommateurs joueront le jeu, à n'en pas douter.

À un niveau plus large encore, dans le cadre d'une mondialisation qui doit trouver un nouveau souffle, en tout cas un nouveau cadre effectif, on retrouve ce défi de la coopération et des coalitions de progrès, gages d'avancées collectives hors desquelles il n'y a que la concurrence et le rapport de force pour s'expliquer. C'est ce que le président français a dénommé récemment, au Forum de la Paix convié en France, le passage vers « le consensus de Paris ». La formule est très juste car elle oppose bien ce qu'il appelle « la logique de résultats et de profits » à une logique qui intègre les impacts, nos fameuses externalités sociales et environnementales, par des prix régulés, mais aussi des normes imposées et volontaires, des conventions entre parties et un effort d'engagement responsable des acteurs, préférable à « la méthode de la canonnière », expression qui date de l'époque où l'Occident a imposé l'ouverture de ses ports à la Chine endormie du XIXe siècle. À nous de faire de ces critères des différences acceptées dans les accords de libre-échange.

En plaidant pour une nouvelle dynamique de progrès mondial fondée sur des coalitions d'acteurs volontaires, Emmanuel Macron transpose sur le plan planétaire la méthode des parties prenantes qui s'entendent pour faire basculer des situations conflictuelles en posture de coopération. Rappelant les nouvelles philosophies de l'action, comme le *nudge* ou la théorie des petits pas, le chef de l'État français se rend à une humilité politique qui conviendrait mieux à nos partenaires émergents. Il traduit ce que pensent les Scandinaves, les Allemands, les pays moyens européens, guéris des symboles impériaux et convertis à une réforme des règles d'échange dont ils savent qu'elle a plus de chances de réussir à travers la puissance du compromis que par l'ukase hérité d'un colonialisme qui perdure. C'est dans cet esprit que nous avons à revoir la totalité de nos rapports avec les pays africains. Les Européens, qui animent la diplomatie du climat, tiennent là, à n'en pas douter, si les pays membres, leurs entreprises et leur discours culturel se rejoignent sur cette ligne, les clés de leur *soft power*: des échanges pour favoriser les jeunes économies à entrer dans le siècle durable et à s'émanciper d'une économie de matières premières qui ne crée pas de compétences et de nouveaux emplois pour les jeunes générations nombreuses.

5
Une « géopolitique de l'espérance » peut naître de l'affirmation d'un nouveau modèle économique européen, à condition que nous prouvions nous-mêmes que la société est plus importante que la valeur marché

Le monde n'échappera pas à la dualité conflictuelle qui se tend chaque jour un peu plus entre les régimes démocratiques, Europe, États-Unis essentiellement, Japon, Canada, Australie, Nouvelle-Zélande et c'est tout, et les régimes autocratiques de plus en plus nombreux. Mais cette compétition entre modèles politiques, qui n'est pas sans rappeler le match exemplaire RFA contre RDA, ne se gagnera pas à la canonnière ou en proportion des budgets de défense, mais bien sur l'exemplarité sociale et sociétale des uns par rapport aux autres. Et le comportement responsable des acteurs économiques sera aussi observé que celui des dirigeants politiques.

L'enjeu de modèle est un soutien à la démocratie de la part d'entreprises européennes qui doivent choisir leur camp

Le modèle européen ne peut être que celui de l'économie responsable. Le futur de la démocratie passe aussi par les acteurs économiques selon qu'ils assumeront ou non leur rôle dans une économie responsable. L'entreprise internationale est en train de passer d'un objet économique autonome à une dimension géopolitique solidaire de son rapport à la démocratie. Peut-on imaginer que l'Europe invente l'économie responsable sur les décombres de la mondialisation financière des années 2000, qu'elle participe au « forum des démocraties », sorte d'OTAN pacifique que Joe Biden propose, sans structurer réellement un fonctionnement des rapports entreprise et société qui soit différent, exemplaire, efficace ?

La reconstruction industrielle réussie dans les pays occidentaux après la guerre et l'entrée des décolonisés et des grands émergents dans l'économie mondiale ont ouvert la voie au cycle financier de l'économie planétaire que nous connaissons, dominée outrageusement par les détenteurs d'actifs américains. Les classes moyennes des pays émergents comme des pays développés se sont prises au jeu du besoin de consommer, avec l'aide d'une industrie chinoise devenue la plus efficace du monde. Les États-Unis surtout, l'Europe, puis la Chine particulièrement et les économies pétrolières ont su tirer profit pour eux de ce cycle porté par une libéralisation des échanges sans aucune contrepartie sociale ou environnementale. Le bilan nous saute à la figure aujourd'hui et nous met en péril, collectivement.

Trop occupée à tirer parti des opportunités technologiques nouvelles, la communauté dirigeante des grandes compagnies mondialisées ne s'est ni souciée de cette répartition déséquilibrée des richesses, de leur mode de production prédatrice, et encore moins de leur régulation partagée. Elle se retrouve confrontée aujourd'hui à une remise en cause profonde d'un capitalisme qui a largement sacrifié les communs et trop délaissé des enjeux collectifs qui le dépasse. Ce bilan macro-économique est convenu largement par les observateurs de tous les camps.

Le résultat est aujourd'hui une dissociation grave et problématique entre une géopolitique mondiale qui voit les leaderships se dissoudre et les intérêts nationaux se renforcer, en l'absence de toute coopération internationale efficace, avec une économie mondiale partie à vau-l'eau, à la main des grandes firmes technologiques qui sont les vraies gagnantes de la partie. Elles décident (encore) de leur fiscalité et de l'accès aux innovations, sans qu'on sache si elles répondent à l'intérêt de leurs actionnaires privés ou des États qui les contrôlent et ce qu'elles cherchent en dehors de leur propre logique de croissance. Autrefois facteurs de stabilité et de structuration d'une internationalisation vue comme un partage du développement, les grandes entreprises de la fin du XXe siècle s'inscrivaient dans le sillage politique du moment, animée par l'hyperpuissance américaine. Ce n'est plus du tout le cas au XXIe siècle : personne ne sait vraiment à qui les dirigeants de Google, Gazprom, Foxcom ou Shell, etc., rendent des comptes et quel est leur rapport au monde ? Ceci pose tout simplement un problème de démocratie qui est celui du contrôle des pouvoirs, le citoyen constatant que les États ont soit des agendas cachés, soit pas d'influence du tout, sur ceux qui font l'offre, la consommation et la culture contemporaine, livrés aux mains d'oligopoles que rien n'arrête. On a noté avec intérêt les amendes du gouvernement chinois imposées à Alibaba mais cela est loin de tenir lieu de réponse au sujet. La mésaventure arrivée au commissaire européen Thierry Breton, informé d'un courrier de Google organisant l'offensive contre son projet Digital Services Act, en dit plus long sur les méthodes qui perdurent quand la raison d'État s'en prend aux intérêts économiques dominants. Si l'Union européenne ne rentre pas clairement dans une bataille de modèle, elle subira « le combat des titans et des géants », pour reprendre la thèse édifiante de François Levêque[1] sur ces hyperpuissances privées qui nous menacent par leur emballement et la faiblesse des contrôles.

Le succès du modèle démocratique passe par une responsabilité assumée de la part des entreprises de soutenir notre modèle.

De fait, cette évolution de l'ordre économique entrepreneurial fait courir un risque vital à l'institution démocratique dont l'Europe est la seule à se préoccuper vraiment. La communauté des entreprises devrait s'en soucier d'elle-même, mais elle n'existe pas sur le plan international, de même qu'il n'existe pas vraiment de communauté internationale, comme le répète souvent Hubert Védrine. Seuls les dirigeants les plus engagés, européens pour l'essentiel, s'interrogent parfois sur leur responsabilité spécifique dans la résolution des problématiques collectives qui s'accumulent au-dessus de leurs têtes. Pour autant, les entreprises peuvent-elles rester longtemps des acteurs cachés, faussement neutres, de la désorganisation systémique du monde ? Elles font croire qu'elles s'effacent derrière leurs États parrains alors qu'elles les dépassent pour faire on ne sait quoi au nom de leur rôle de pourvoyeurs de richesses matérielles. Elles ne se posent pas la question de savoir si l'économie où elles exercent est responsable ou non responsable ; la plupart s'abandonnent à une production endogène qui n'a d'autre finalité que leur croissance propre et qui assiste à la destruction progressive du bateau terre qui l'abrite

1. François Lévêque, *Les Entreprises hyper-puissantes. Géants et Titans, la fin du monde global ?*, Paris, Odile Jacob, 2021.

dont elles ne sentent pas solidaires. À qui Total rend le plus service en entretenant la junte birmane ? Est-ce qu'Orange est sûr que son comportement au Sénégal contribue à stabiliser le pays ? Est-ce que la fabrication des nouvelles Citroën en Chine est la meilleure façon de pérenniser le groupe ? Ces grandes questions peuvent-elles être traitées en dehors de considérants méta-politiques, par des dirigeants d'entreprise qui ne prennent en considération que leur intérêt ?

Dans ce maelstrom planétaire, il existe encore une conscience européenne ; c'est elle qui reproche à l'économie ambiante ses déviations en contradiction avec un humanisme qui repousse plus vivace chaque fois qu'on l'écrase. L'Union européenne a ouvert la voie d'une finance durable au point d'en faire aujourd'hui un objectif politique, elle a poussé les entreprises à rendre compte de leur contribution réelle à la société, de leur engagement climatique et de leur transformation effective des modes de production. En réponse à la crise liée au Covid-19, l'Europe a pris le risque d'énoncer ce que devrait être son modèle économique, privilégiant la santé des citoyens avant toute chose. Elle s'est dotée d'une démarche durable, définie à travers l'Agenda 2030 des Nations unies (ODD) qui lui sert de cadre stratégique. Peut-on y voir là un point de départ et une invitation à approfondir une nouvelle vision originale qui apportera une perspective stratégique à tous ses acteurs dans la décennie critique qui s'engage, capable d'influencer le contexte systémique, d'une part, et de répondre, d'autre part, à l'angoisse des sociétés civiles de s'être fait embarquer dans un modèle sans pilote et sans âme, dont les bénéfices sont de moins en moins évidents au regard des inconvénients qui progressent, cette question du modèle économique embraye sur un débat qui est devenu civilisationnel.

Une conséquence s'impose : la problématique de responsabilité politique intrinsèque à la sphère économique, faite de grandes entreprises essentiellement, ne peut plus renvoyer la seule correction des impacts négatifs sur la sphère publique uniquement. Il faut repenser un rapport positif à la société qui le lui demande instamment. Et prendre parti pour un ordre démocratique qui doit tenir bon dans un monde chaotique que personne ne dirigera.

Le modèle managérial n'est pas la démocratie, mais il est comptable du respect des valeurs démocratiques

Les entreprises véhiculent aujourd'hui des modèles différents selon leur pays d'origine, même si elles appliquent généralement pour beaucoup le modèle managérial américain appris, tout en affichant un universalisme de façade. Les grandes firmes subissent toutefois une critique civile de plus en plus dérangeante, relayées par les juges et les autorités indépendantes qui sont en train de les délégitimer. Face à quoi, à quelques exceptions près, les patrons ne font pas leur affaire de la situation planétaire à moyen et long terme et encore moins de l'avenir des régimes démocratiques. Ils s'abritent derrière le nombre et la puissance de leurs actionnaires, pensionnés ou acteurs institutionnels, instrumentalisent leur lien social à chaque difficulté. Ils ne font jamais leur les préoccupations sociétales dont les gouvernements ont la charge, à titre d'exemple, la dette carbone qui a fait les beaux jours des pétroliers est aujourd'hui présentée sans vergogne aux contribuables et salariés plus jeunes qui devront l'assumer inévitablement. S'ils le peuvent…

Les guerres intra-européennes suicidaires du passé, puis les temps de reconstruction et de paix qui leur ont succédé, ne se sont jamais faits sans un rapport de forte complicité entre les États et les industries. Mais, aujourd'hui, c'est l'avenir du projet démocratique européen qui est en cause dans le rapport aux entreprises. Si elle veut devenir une puissance géopolitique, l'Union européenne devra être portée aussi par des entreprises exemplaires, dans le respect des droits fondamentaux, des choix politiques collectifs, à travers leurs contributions locales et leur capacité à coopérer. Elles devront tourner le dos à des manœuvres de prédation ou de déstabilisation qui ont fait la fortune d'aventuriers. Mais la vertu n'y suffira pas, si tant est qu'elle ait jamais existé en ce domaine, face à la montée des autoritarismes politiques et des dispositifs d'effacement des libertés qui font leur chemin de façon très dangereuse, de Hong Kong à Mexico et de Singapour ou Riyad à Ankara. Il y a un passif historique du non-respect des règles de la démocratie politique par les grandes entreprises avec lequel il faut rompre.

L'espérance d'une idée d'entreprise libératrice, qui a toujours sa valeur, si elle s'adresse aux populations avant tout, n'est plus compatible avec des pratiques économiques tutélaires portées par des entités qui abusent de leur influence dans les zones à faible gouvernance. Certaines stratégies d'État font aussi de leurs grandes entreprises nationales les supplétifs cachés de volontés dominatrices, dans leur intérêt exclusif. On n'a pas inventé encore la société commerciale à objectif démocratique qui s'obligerait à être politiquement exemplaire au nom de la durabilité planétaire. On avance même à rebours depuis quelque temps. Chaque époque produit ses « flibustiers de l'innovation », Jeff Bezos n'a pas eu plus de scrupules que Marcus Samuel lorsqu'il fonda l'Anglo-Saxon Petroleum chargé d'approvisionner les navires anglais dans le Golfe au siècle dernier ou que Ferdinand de Lesseps n'en eut pour creuser le canal de Panama.

Paradoxalement, cette négation de l'éthique entrepreneuriale de la part de l'économie financière contemporaine, au fur et à mesure que les entreprises se sont mondialisées, dont les GAFAM nous délivrent l'exemple abouti, intervient à un moment où les milieux académiques et philanthropiques poussent le concept de « mission », (« raison d'être ») pour rapprocher les démarches de gestion d'une utilité sociétale qui est devenue le grand questionnement du moment. Il faut dire que la tentative d'infléchir le modèle entrepreneurial conquérant par de l'esprit de responsabilité au plus haut niveau a doublement échoué ces vingt dernières années : il n'a pas produit les corrections systémiques attachées à l'expansion d'un modèle de croissance qui finit aujourd'hui dans la construction d'oligopoles sectoriels n'ayant jamais été aussi puissants et incontrôlés, d'une part, et, d'autre part, il n'a pas su passer avec les acteurs civils et politiques des *deals* de transformation répondant à la prise en charge attendue des enjeux collectifs dont les solutions existent mais dont la volonté de les appliquer n'est pas là. Par exemple, l'alignement des firmes sur l'accord de Paris pour atteindre la neutralité climatique en 2050 progresse, mais elle reste largement un cadre déclaratif. Aucun des leaders ne décide d'appliquer un prix du carbone dans ses ventes ou ne provisionne sa dette écologique, préférant la réduire à sa convenance (à l'exception de Kering). Cette faiblesse de la conscience politique des dirigeants économiques quant à la criticité du contexte, qui ne leur nuit pas, mais qui pénalise plus que jamais les salariés et les citoyens, met l'idéal même d'entreprise au défi de devoir désormais choisir son camp : soit la communauté économique s'organise et pousse les approches de bonne gouvernance, de respect de parties prenantes et de logique durable, dans la production de valeur et d'équité dans sa distribution, pour aller vers un statut d'entreprise internationale (européenne d'abord ?) réglé, suivi et promu, comme partie du progrès de la démocratie universelle ; soit elle laisse perdurer le schéma instrumental de l'entreprise détournée en mode d'organisation le plus efficace possible, pour préempter de la valeur pour quelques-uns, en se jouant des souverainetés locales, sans se soucier de leurs impacts systémiques externes, sauf contrainte irréfutable, en attendant que les désastres forcent tout le monde à changer en même temps. C'est ce dernier scénario de « libanisation » de l'économie mondiale qui progresse aujourd'hui. On n'entend pas de dirigeant de grande entreprise que cela empêche de dormir, pas même les plus empathiques envers la planète qui en font parfois plus un objet de marketing qu'un sujet méta-politique, en proposant des règles communes qu'il ne tiendrait qu'à eux de rendre efficaces.

Le droit des affaires attend depuis deux cents ans une définition a priori du cadre juridique de groupe, opposable et universel

Les principes directeurs de l'OCDE ont posé dès 1976 l'idéal d'un comportement d'un investisseur international mais il aura fallu attendre 2010 pour que ce cadre reprenne toutes les avancées faites sur le plan international concernant les droits des parties concernées. Le fait de maintenir un système de suivi sans compétence juridictionnelle en dit long sur le déni d'impact du système libéral qui n'accepte pas sa remise en cause et qui préfère une critique exogène, même si elle mine sa légitimité.

Ce dilemme actuel entre une entreprise qui croît pour elle-même et une entreprise qui croît pour le monde est celui que pose le modèle de développement durable au modèle néolibéral, qu'il remet en cause au nom de sa responsabilité (au sens anglais de *responsibility* et non de *liability* que l'on ne doit pas confondre). Certes, ce ne sont pas les règles de l'efficience, autrement dit le management et son savoir-faire pour bien utiliser les facteurs de production qui est en cause, celui-ci n'ayant cessé de progresser depuis des décennies, avec des méthodes qui ont aussi leur vertu de bonne économie lorsqu'elles se font sur le dos des ressources humaines et des impacts sociétaux. C'est bien la finalité et le fonctionnement de la gouvernance d'entreprise qui sont interrogés par cette compétition entre les modèles. Le monde anglo-saxon, inspiré par BlackRock, voit dans la gestion des risques sociétaux une façon de renforcer le modèle d'entreprise actionnarial tandis que les Européens sentent la nécessité de contribuer à plus d'utilité collective, ce qu'on appelle la controverse de la « double matérialité ». L'Union européenne s'est emparée de la question en se lançant dans une directive sur la gouvernance durable dont l'ambition n'est autre que d'articuler le « Green Deal » géopolitique européen avec les décisions des instances de direction des entreprises pour qu'elles se sentent concernées par la transformation du modèle. Tout le monde a compris que l'auto-régulation par les chefs d'entreprise avait atteint sa limite de bonne volonté et qu'il fallait inventer un *smart-mix* qui met nos organisations sous la pression de règles bien débattues, d'engagements de progrès des acteurs et le contrôle de la société. C'est cela « l'économie sociale de marché responsable » que se plaît à vanter Angela Merkel et que son gouvernement a même formalisé dans un codex incitatif.

Cela ne peut que ressourcer la vocation entrepreneuriale, en quête de *tech for good*. Ce sont les jeunes générations qui sont les premières à vouloir s'émanciper du modèle patrimonial du XIXe siècle qui a fait de l'entreprise un mécanisme d'enrichissement de ses propriétaires avant tout sans jamais poser clairement le dû à la collectivité qui doit sous-tendre son projet et sa croissance (voir la définition du Code civil avant sa modification par la loi Pacte dans le nouvel article 1833 du Code de commerce qui demande de « prendre en considération les enjeux sociaux et environnementaux au côté de l'intérêt social »).

Le rapport Notat-Senard en France a ouvert cette discussion sur la finalité de l'entreprise contemporaine, issue de travaux philosophiques conduits dans le monde académique, notamment dans les cercles chrétiens, mais sans aller au bout de la question fondamentale d'un statut de l'entreprise internationale, posée par l'ONG Sherpa, devant rendre compte partout de ce qu'elle fait, devant toutes ses parties, avec un haut niveau de transparence, opposable devant tout juge. Même si on a posé au sein du gouvernement français le champ de l'économie responsable comme un objectif de politique publique, celle-ci reste à définir dans un consensus plus large, afin de pouvoir mobiliser les acteurs en vue de ce statut idéal, qui pourrait être au départ un modèle d'entreprise européenne durable, susceptible d'être une référence, au-delà de ce qu'a été le statut de Public Benefit Corporation aux États-Unis, certes intéressant mais qui sort le profit de la ligne d'objectif.

On dispose déjà des principes directeurs OCDE à l'égard des multinationales, si ce n'est que ce cadre peu appliqué ne comporte aucun risque de sanction, comme on l'a dit. Sa position marginale illustre bien l'ambivalence en place :

les principes sont là (respect des droits humains et sociaux, lutte contre la corruption et les atteintes à l'environnement, etc.), que les États doivent faire respecter, mais le système continue sans mauvaise conscience à croître selon l'opportunisme qui est la seule vraie philosophie des affaires, avec le principe du « pas vu, pas pris », devenu aujourd'hui « vu, mais pas grave, tant que la marque n'est pas touchée ». Le dispositif onusien du Global Compact et les cadres volontaires sectoriels encourent la même critique, démontrant à l'opinion que le règne du plus fort a d'autant plus d'avenir que l'on produit des recommandations vertueuses qui servent de paravent et qu'on se refuse à contraindre l'ordre économique international, au-delà des systèmes tarifaires. OMC *de profondis* ! Le « consensus de Washington » a la vie dure. Le « consensus de Paris » n'est pas né. La puissance des chambres de commerce américaines tient encore le haut du pavé dans les enceintes professionnelles et les Européens discourent sans prendre leur responsabilité face à elles.

Pourquoi la communauté économique ne s'est pas saisie elle-même des enjeux de la démocratie associés à ceux de l'entreprise ?

Le fait que la communauté des entreprises n'ait pas porté spontanément les enjeux de société, allant du développement durable à la démocratie, et n'ait pas proposé d'elle-même une amélioration volontaire du fonctionnement entrepreneurial sur le plan planétaire peut être considéré comme un échec moral. Rarement, les relations États-entreprises se fixent une vision collective commune, ce qui constitue effectivement un vrai risque pour le progrès de la démocratie lorsqu'elle est menacée par des organisations hors de son contrôle. On laisse la main aux systèmes politiques autoritaires et aux logiques autocentrées pour utiliser leurs entreprises comme des vecteurs de leurs propres desseins particuliers et on fait croire que tout le monde joue le même jeu. La tentative de cotation d'Aramco a été une pantalonnade qui a fait reculer les grandes Bourses devant le risque de tordre un minimum de règles de transparence existantes dont voulait s'émanciper la première capitalisation mondiale, laquelle aura quand même réussi à « brûler de l'argent » au service unique d'émirs repus. Si on nuance le tableau pour établir une hiérarchie d'entreprises engagées, allant de Sonatrach à Danone, ou de Gazprom à Michelin, on voit bien qu'il est devenu indispensable de graduer et de structurer le rapport au monde de la part des firmes qui ont une empreinte globale, en disposant enfin de standards de suivi universels, simples, cohérents avec la durabilité, des stratégies explicitant leur contribution et des modes de gouvernance associés. On voit aussi qu'il faut définir un statut souhaitable, modélisé, vers lequel tendre avec l'accord de toutes les parties, étatiques, économiques, sociétales, qui soit la ligne d'horizon contractuelle, à faire réussir dans la décennie critique qui est engagée. Cette définition et la promotion d'un modèle d'entreprise durable sont un vrai défi que l'Union européenne est probablement la seule entité politique à pouvoir relever dans le contexte actuel.

Opportunisme des affaires ou entreprise engagée ? La confrontation va durer quelques années encore entre ces deux modèles de gouvernance d'entreprise qui se concurrencent et dont chacun poursuit sa finalité propre, en se rejetant la responsabilité dans les dérives systémiques à l'œuvre. Or, c'est à travers la question climatique, d'une part, et la question démocratique, d'autre part, que se jouera le succès ou l'échec d'un des modèles. Chacun étant confronté à des remises en cause profondes, aux inégalités, au réchauffement, à l'épuisement des ressources, aux exigences éthiques, etc. Elles presseront les dirigeants d'agir, sous la pression croissante de leurs actionnaires, institutionnels et privés.

Le modèle dominant en nombre et en influence est donc celui pensé et porté par les États-Unis qui est celui de l'entreprise actionnariale privée, dont la maximisation de l'efficience est la valeur principale, développée avant tout dans l'intérêt des investisseurs. Consacrée aux États-Unis depuis le succès de l'école de Chicago, célébrée par des managers médiatiques (comme Jack Welch) et des gestionnaires d'actifs influents (Larry Fink), l'entreprise privée, efficace à travers son rendement actionnarial (voir le classement annuel de Harvard Business Review), a imposé une rationalisation qui s'est émancipée des données contextuelles pour en renvoyer la gestion aux pouvoirs publics (responsabilité fiduciaire). Ne dit-on pas que la pandémie a fait surtout la fortune des « entreprises zombies » qui n'ont pas de base territoriale qui les contraint.

L'Europe cherche à s'émanciper de ce modèle présent dans une grande partie de son actionnariat, sous la pression de cadres dévoués qui ont porté jusqu'à l'abnégation le service du titre, jusqu'à s'apercevoir de l'absence de perspective de cet ordre économique pour leurs enfants ; sans eux, ces « machines à cash » n'auraient pas rapporté ce qu'elles ont rapporté aux pensionnés américains et autres. Les jeunes diplômés ne sont plus dupes d'une doxa qui consiste à comprimer la chaîne de valeur sans se soucier de sa pérennité, à réduire les contributions externes à l'indispensable et à ajuster au rythme trimestriel les coûts sociaux qui sont la seule vraie inertie du système. Capable de rapporter de 10 % à 20 %, voire plus, de retour sur capital, en fabriquant aussi bien des cigarettes que des yaourts ou des médicaments, la firme internationale privée a soufflé sur la demande de consommation en animant des marques globales de plus en plus caricaturées parce que dominatrices et sûres d'elles-mêmes, et si la réalité des besoins humains est leur fonds de commerce, ce n'est pas leur vraie préoccupation. Ce qui explique que la firme, se considérant volontiers apatride, a abandonné aux États qui le veulent bien la gestion des impacts sociétaux, à travers une répartition des rôles devenue le cœur de l'idéologie libérale, sur le bien-fondé de laquelle les dirigeants d'entreprise blasés ne s'interrogent plus.

Pour autant, le bilan de ce modèle est sans cesse interpellé par une critique citoyenne et experte qui nourrit les politiques publiques correctrices en finissant par les faire bouger au bout de vingt ans. Cela fonctionne tant que la satisfaction de l'offre l'emporte largement au sein de la population sur la crainte de ses impacts négatifs ; c'est le cas avec le pétrole dont l'avantage de l'essence est mis en balance par beaucoup avec l'angoisse du réchauffement. Il faut dire que si le pouvoir d'achat demeure un argument décisif, nos contemporains sont mus par l'espérance d'un niveau de vie meilleur qu'ils mesurent autant en termes qualitatifs, de gestion de temps et de relations que de revenu.

La survie de ce modèle d'optimisation actionnariale dépend aujourd'hui de la charge des externalités qu'on va lui imposer en réparation de ses atteintes aux équilibres environnementaux et sociétaux, mais aussi de l'espérance de gain qu'y trouveront encore les détenteurs d'épargne et de compétence, tentés de plus en plus de se trouver une autonomie de destin par rapport aux dirigeants des grands groupes, installés en mercenaires de luxe. Le meilleur exemple, n'est-il pas celui de Sanofi qui a enrichi pas mal de ses patrons pour aboutir à quelle contribution face à la pandémie, pour une firme qui se légitimait en tant que leader mondial du vaccin ?

La crise de sens mine de l'intérieur l'attractivité des grandes firmes jadis porteuses du progrès et devenues des contre-modèles

Si ce modèle actionnarial privé affronte une crise, ce n'est pas une crise fonctionnelle, mais de sens. Il n'y a pas seulement une tension structurelle dans la répartition de la valeur qui oscille selon les temps forts ou faibles des fiscalités nationales ; le modèle soulève une problématique de cohérence entre les besoins de l'écosystème collectif qui révèle des risques croissants causés par les logiques productives et un mécanisme génétique d'enrichissement fermé qui inspire un pilotage de plus en plus autoritaire des firmes. À ce stade, ce modèle a raté la chance que lui offrait, à la fin des années 1990, l'émergence de la RSE, lancée comme un concept alternatif, de correction volontaire des impacts. Mais le comportement autocentré, voire prédateur, dans de nombreuses situations critiques (voir les industries extractives, la grande distribution...), l'a largement emporté sur les initiatives bienveillantes lancées ici et là, au point que beaucoup de ces firmes aux intentions louables se sont disqualifiées et, avec elle, la crédibilité du concept d'entreprise responsable a dû laisser la place à des vraies stratégies de développement durable, négociées, prouvées et réellement « transformationnelles ».

C'est là désormais que se joue la pertinence des démarches de croissance pour les années à venir, susceptibles de répondre au nouveau cycle fondamental d'une économie sobre, décarbonée, équitable et éthique vers laquelle les nouvelles générations veulent aller et que les pressions démographiques rendent très nécessaires. Confrontée à l'épuisement du discours RSE, qui a prolongé le modèle productif de vingt ans, on se demande qui installera la firme internationale attractive et digne de confiance qui réinventera l'entreprise efficace et utile à la fois, sachant se donner des limites compatibles avec les intérêts communs et se ressourcer auprès de toutes ses parties prenantes, qui rouvrira le cycle de l'économie de marché inventive au service de la société, dans le cadre d'un contrat équilibré qui reste à formaliser à l'aide du concept irrépressible de durabilité ? Le projet européen accélère cette interrogation.

Mais cette espérance se percute avec un contre-modèle qui revient en force, à travers les puissants groupes d'État, chinois, russes, ou contrôlés par des fonds souverains ou des patrimoines privés inféodés à des acteurs publics. Administrés directement ou indirectement par un gouvernement, on continuera de trouver ces groupes en face de nous dans les secteurs miniers, de la défense, du transport aérien, de la finance ou des technologies sensibles. Le capitalisme d'État représentera longtemps un poids considérable et croissant dans l'économie mondiale, pour de bonnes ou mauvaises raisons, tenant dans le premier cas à la préservation de patrimoines nationaux ou de populations salariées locales et, dans l'autre cas, aux retombées lucratives pour les dirigeants et à l'influence politique qu'ils en tirent.

Cette dichotomie rendra très difficile la coopération internationale autour de règles de bonne gouvernance ou de régulation qui sont antinomiques avec l'objet même d'une entreprise d'État. Elles incarnent des outils de pouvoir national qui tentent d'obtenir la reconnaissance internationale en se cachant derrière des filiales commerciales ou des véhicules juridiques intraçables. Leur opacité est leur raison d'être. Leur intervention dans le jeu concurrentiel mondial s'embarrasse de peu de précautions éthiques ou juridiques, quitte à assumer des procès infinis qui donneront toujours lieu à des arbitrages interétatiques. Elles comptent mais nous ne devrions pas compter sur elles.

L'Europe a le devoir de proposer son contre-modèle; la mise en place d'un cadre planétaire de développement durable devrait régir tous nos grands opérateurs, aussi bien concernant les enjeux environnementaux que sociaux et sociétaux, mais aussi économiques – fiscalisation des bénéfices, contrôle de la chaîne de valeur et respect des principes démocratiques. Cela ne pourra se faire qu'à travers l'autorisation d'opérer sur notre zone commerciale, en attendant de pouvoir partager avec quelques puissances coopératives des règles de droit international légitimes et à vocation universelles (voir la fiscalité universelle). Les États-Unis ont été les premiers à utiliser l'extraterritorialité, au nom de la lutte contre la corruption. Qu'est-ce qui nous empêche d'en faire autant au nom de l'environnement et des droits sociaux ? On rappellera que la Chine n'a toujours pas ratifié les conventions OIT.

Et s'il s'agissait simplement de canaliser le capitalisme à travers notre système de valeurs, par la voie contractuelle ?

Le retour des États de crise en crise, financière, sanitaire ou politique comme la place que prennent les flux d'aide publique et les interventions des acteurs monétaires dans l'économie mondiale ne feront qu'accroître le rôle des entreprises d'État qui échapperont à toute stratégie collective. Il convient de tirer avec réalisme les conséquences de ce contexte, pour la gestion future des conditions d'échanges commerciaux qui ne vont pas faciliter la renaissance de l'OMC avant longtemps, mais aussi pour l'application des normes de responsabilité à associer aux enjeux de durabilité. Celles-ci, à peine tolérées dans leur principe à cause du dumping caché, nouveau nom des politiques industrielle des États, seront un terrain de combat pour les démocraties.

Le monde qui vient est ainsi confronté à une double pression négative de la part d'entreprises privés qui poursuivent des finalités particulières pour elles-mêmes, sous la protection du jeu libéral américain, et d'entreprises d'État, autocratiques pour l'essentiel, qui ne répondent qu'à des logiques d'intérêts nationaux, quasi officielles. Il n'existe aucune autorité mondiale qui se préoccupe du poids réel de ces grands agents économiques sur l'état du monde, qu'il s'agisse autant des dérèglements environnementaux que des mécanismes de développement social et local, exigibles et contrôlables dans le jeu commercial international. L'utopie durable risque de devenir de ce fait un concours de vertu que jouent les Européens entre eux, tout à l'honneur des valeurs qui sous-tendent leur dynamique politique, mais qui peut s'avérer incroyablement périlleux s'agissant de la capacité de leurs entreprises à affronter des concurrents sans foi ni loi. Cet isolement a un coût substantiel, en termes d'emplois et de pertes de revenus notamment, sur lesquels nous pouvons difficilement continuer à faire l'impasse, d'autant qu'il mine la confiance dans une Europe qui protège ses citoyens et qui sait où elle va. Nous devons anticiper ce grand risque.

Si on veut croire au contraire que la planète a besoin de cette logique durable pour accueillir les 10 milliards d'humains qui la peupleront à la fin du siècle, dans les conditions climatiques tendues, de ressources disponibles conflictuelles, d'accès aux emplois et revenus qu'on prévoit très en deçà des besoins, le danger systémique évident conduit à rechercher un effet de levier favorable et à reprendre sérieusement le sujet, en passant d'un discours empathique à une gestion sérieuse du modèle, de notre modèle, et à le faire appliquer. Le raisonnement qui compare le coût de l'action à celui de l'inaction induit un intérêt mondial évident pour nous à faire des entreprises un levier de durabilité pour la planète sans attendre qu'une hypothétique régulation mondiale nous y conduise et que les conditions de la croissance ne se dégradent plus avant.

La communauté économique pourrait prendre une initiative sérieuse en la matière, du moins, si on considère qu'un dirigeant économique doit avoir un engagement et une pensée qui inspirent son projet au-delà de sa réussite personnelle, mais c'est surtout de l'Union européenne que peut venir la solution normative espérée, dès lors que le lien entre le comportement des firmes et l'évolution du système démocratique ne fait plus de doute ; surtout si on prête plus attention à la demande des citoyens en faveur d'un contrôle de la mondialisation dans l'intérêt de la société d'abord.

La capacité d'action des démocraties dans le futur nécessite donc qu'elles disposent d'acteurs économiques à leurs côtés qui font le choix d'un ordre économique alternatif au capitalisme d'État et au capitalisme autonome, à travers un droit de l'entreprise durable et responsable. La guerre des modèles doit être livrée, pour reprendre l'expression du Cercle des économistes qui annonçait déjà il y a quelques années que « la guerre des capitalismes aura lieu ». Trois dangers sont visibles aujourd'hui qui pourront se révéler demain des obstacles civilisationnels graves si le modèle durable ne s'impose pas : l'urgence climatique conduira à des réponses nationales isolées insuffisantes, de nombreux pays se refusant à respecter les engagements de l'accord de Paris ; la solidarité ne sera plus une valeur portée par des consensus communs et des organisations dédiées et sera remplacée par des marchandages permanents, pas forcément dans l'intérêt des populations ; aucun des grands États ne pourra faire valoir des règles dépassant sa sphère d'intérêt s'agissant de la maîtrise des technologies, de leur bon usage ou du partage des connaissances. Le scénario orwellien est inscrit dans cette dégradation des mœurs économiques qui monte depuis peu, alors même qu'on avait imaginé depuis quelques décennies de glisser d'une croissance quantitative, qui a effacé les traces de la guerre et de la colonisation, à une croissance qualitative qui réponde un peu plus à l'harmonie attendue entre les capacités planétaires et la diversité des modes de vie. On a failli croire au travail d'intelligence collective et de diplomatie économique qui a connu son pic au moment des accords de Marrakech. Le temps trumpien a inversé la pente dangereusement. Est-ce que nous saurons reprendre la main sur un ordre mondial qui favorise le développement et non l'isolement des mauvais élèves de cette communauté internationale dont Hubert Védrine nous rappelle qu'elle n'a de chances de se constituer qu'autour de l'enjeu écologique. C'est là que se situe le choix de modèle que les grandes entreprises vont faire, ou non, dans la période post-pétrole, en tirant les conséquences de leur succès international récent mais aussi de leurs risques de « cornerisation » selon le mot du président de Total. Nos firmes internationales sont-elles capables d'entrer dans un rapport au monde qui garantit la stabilité collective, devenue leur vraie affaire ?

Si elle ne se transforme pas dans le sens durable et responsable, si elle ne s'engage pas en faveur des valeurs de la démocratie, l'entreprise internationale est une institution qui échappera aux entrepreneurs et qui sera bientôt plus gouvernée de l'extérieur que de l'intérieur. L'État reprendra son contrôle, nous ramenant un siècle en arrière aux vieux débats sur la propriété du capital, les nationalisations et la légitimité supérieure des États, alors qu'un statut d'entreprise démocratique aurait pu émerger.

De fait, le comportement de l'entreprise en société, favorisant ou non une construction juridique légitime sur le plan international, devient plus que jamais une composante de la construction démocratique à l'échelle planétaire, laquelle rentre dans une période de combat, plutôt défensif. La question est désormais posée : est-ce que les grandes entreprises privées qui structurent les économies développées voudront résister, à leur niveau de responsabilité, aux formes autoritaires dites de démocrature ou de populisme national, en refusant la négation des droits humains et sociaux, la prédation du patrimoine naturel collectif ? Est-ce qu'elles accepteront de se conformer à des principes supérieurs à leurs intérêts pour les faire entrer explicitement dans leurs principes de gouvernance ? À l'exemple d'un Danone qui refusa courageusement aux autorités chinoises le contrôle de leur structure de représentation salariée. Il s'agit évidemment d'un combat de valeurs qui révèle la nature politique de l'entrepreneur, si on en doutait jusqu'ici.

Le défi ne date pas d'aujourd'hui. Le premier temps de mise au défi démocratique des industriels a fait suite à la grande dépression et à l'échec de l'ordre mondial imposé au traité de Versailles ; le réarmement occulte est venu nourrir les forces politiques autoritaires ; de nombreuses industries se sont mises au service d'une économie militarisée. Il s'est ensuivi un engrenage. IBM, Thyssen, Renault restent autant de situations particulières où les préférences des dirigeants ont compté plus que les circonstances. Plus récemment, l'affaire Lafarge-Holcim en Syrie nous rappelle, comme bien d'autres arbitrages cyniques de ce type, que « l'argent a une odeur », ce qu'on savait depuis l'apartheid mais aussi les guerres de l'opium, etc. Aujourd'hui, l'affaire Huawei sonne les trois coups d'une pièce qui va laisser peu de marges aux grands acteurs technologiques pour savoir quels maîtres ils servent. Qu'on ne s'y trompe pas ! Nous abordons un nouveau temps critique. Ce sont les entreprises qui, par leur choix de gouvernance et de projet, aideront, ou non, la démocratie réelle à démontrer sa supériorité politique, en termes civilisationnels, c'est-à-dire au regard de valeurs fondées sur le respect des personnes, du droit, des biens communs et de l'avenir collectif, au cœur du project des Nations unies et, pour commencer, du projet européen.

Selon la prise de responsabilité de leurs dirigeants, les grandes firmes participeront, ou non, au sauvetage des déséquilibres systémiques qui menacent notre vision du progrès pour tous et la viabilité d'un monde solidaire qui encourage la démocratie. La gestion climatique d'abord, mais aussi le soutien aux États effondrés de plus en plus nombreux (Liban, Mozambique, Mali, Argentine...), la direction des organisations internationales et de ce qu'il en reste (OMC, Unesco, OMS), leur capacité d'action surtout constituent des rendez-vous à court terme. La conflictualité Chine-États-Unis, l'isolement Britannique, les manipulations russes, la paralysie latino-américaine vont accélérer l'affaiblissement de la communauté internationale et rien ne dit que les forces constructives l'emportent sur les forces désorganisatrices. S'il fallait trouver une baguette magique pour retrouver des lignes d'accord dans ce maelstrom géopolitique, plutôt que de laisser l'enchaînement des conflits en décider à notre place, on ne peut que parier sur l'affirmation d'une vision européenne autour d'un modèle coopératif, inspiré par la recherche d'un monde durable qui équilibre les impératifs économiques, sociaux et environnementaux, appliquant la théorie holistique du développement durable des Nations unies (voir les ODD), favorable aux populations des pays émergents. Est-ce que les grandes entreprises rallieront ce projet politique à travers l'adoption d'un modèle de gouvernance propre qui pourvoira plus d'équité, de protection des enjeux collectifs et de dialogue interne et externe, mieux qu'elles n'ont tenté de le faire jusqu'ici ? Est-ce qu'il peut servir à créer de l'attractivité autour d'un statut d'entreprise européenne ? C'était l'intuition géniale de Kofi Annan quand il a lancé le Pacte mondial en vue de faire entrer les entreprises du côté des programmes des Nations unies. Depuis le départ, les États-Unis n'ont cessé de s'y opposer et les autres grands pays ne s'y intéressent pas plus.

L'invention de « l'entreprise démocratique » reste une idée neuve en Europe

L'évolution vers un modèle de firme qui ne poursuit pas sa seule croissance comme une cellule cancéreuse mais comme une entité pensante sera une étape décisive dans la construction du progrès matériel par l'homme. Après tout, la naissance de l'ère industrielle n'est pas si loin. Si elles ne font pas, maintenant, ce saut d'ouverture qui est en réalité un saut de gouvernance démocratique, les firmes internationales seront combattues et emportées par les crises en chaîne dont l'exclusion de Huawei, la mésaventure de Ant Group, la mise au ban de Rusal, conglomérat opaque de l'aluminium russe, sont les premiers signaux. La pandémie ouvre le temps des États; avec l'effet de protection qu'elle suscite dans les populations, on est bien au seuil d'un renversement de situation: ce sont les firmes qui font peur et les États qui rassurent, non l'inverse. Encore faut-il que les États proposent une espérance démocratique et que les entreprises retrouvent un projet libérateur pour l'avenir.

L'évolution vers un modèle de firme qui ne poursuit pas sa seule finalité, mais se donne une raison d'être sociétale qu'on appelle aussi mission ou *purpose*, à quoi s'essaient quelques firmes pionnières, sous l'effet pressant de la finance responsable (ESG, impact investing...), quand ce n'est pas le choix initial des fondateurs, peut prendre le pas sur le modèle actionnarial dans la décennie qui vient, sous réserve de satisfaire cinq conditions de succès qui pourraient être les piliers d'une économie responsable qui se cherche en Europe.

1. La projection d'un modèle d'entreprise durable doit être proposée aux acteurs économiques européens, à partir des référentiels historiques (UNGC, principes OCDE, ISO 26000, UNHR, principes de l'Équateur, IFC, etc.) dans un cadre plus exigeant dans ses modalités d'application et de sanction que le « Green Deal » européen permettrait de formaliser. La réforme, au moins « l'européanisation » du mécanisme OCDE des Points de contact, est probablement une voie opérationnelle à saisir en premier, pour asseoir ce statut dans un cadre ambitieux que l'Union européenne devrait recommander, en le judiciarisant pour être pris au sérieux.

2. La standardisation des critères de suivi dits extra-financiers, en cours d'élaboration à Bruxelles (Efrag), doit franchir une étape déterminante en choisissant des critères simples et peu nombreux de mesure de la durabilité réelle et globale des opérateurs économiques en Europe, dont peuvent se saisir les citoyens. Il nous faut une mesure de la performance sociétale publiée et suivie de façon obligatoire, jusque dans les comptes des entreprises, lesquels doivent s'enrichir de la transparence des dettes collectives des entreprises (carbone, fournisseurs, fiscale...). La volonté politique de l'Union européenne d'imposer une gouvernance mondiale de la comptabilité extra-financière au sein des IFRS (SSB) est indissociable du projet de standardisation des indicateurs.

3. La constitution d'un mode opératoire de concertation et d'impulsion au niveau européen, ouvert aux pays intéressés, du type « forum parties prenantes », réunissant les acteurs engagés et concernés (employeurs, salariés, ONG, régulateurs...), autour de l'analyse des situations dans un

observatoire annuel de la durabilité économique, pourrait produire une dynamique de progrès, sur des bases contractuelles au départ et obligatoires par étapes. Ce pilotage multi-parties devrait référer aux instances mondiales pour servir d'aiguillon à un progrès continu (G20, NU...).

4. La recherche d'un mécanisme de contrat entreprise et société qui serait passé entre les États et les entreprises qui le souhaitent, sur la base du respect du modèle durable. On devra y associer un traitement favorable, forcément fiscal, en faveur des firmes qui acceptent de conduire des politiques inclusives, négociées localement et contrôlées en conséquence (voir l'allocation locale d'une part d'impôt sur les sociétés, IS) ; en recherchant, en commun avec le soutien de la société civile (voir entreprises d'insertion par le travail indépendant, EITI, comités de protection des personnes, CPP...), la mise en œuvre de stratégies de co-développement, les firmes gagneront en résilience et reconnaissance.

5. Enfin, l'ouverture sur ces bases d'un chantier juridique mondial définissant l'entreprise internationale durable est nécessaire pour permettre les saisines des tribunaux sur les pratiques constatées tout au long de la chaîne de valeur, partout sur la planète. Il s'agit d'aller vers la constitution d'un statut universel de groupe mondial responsable, souscrit volontairement et ressortant d'une juridiction *ad hoc* d'appel des juridictions nationales, pour suivre sa bonne application, avec à la clé de la reconnaissance de ce statut un taux de fiscalité favorable. Les comportements minimaux, ESG, y seront évidemment attachés.

Ces réformes sont possibles car elles sont en pointillé dans de nombreux projets portés par les ONG et les organisations internationales, mais cela peut prendre une décennie ; elles seront à inclure dans la révision de l'Agenda 2030 (ODD) des Nations unies, qui sera le rendez-vous planétaire crucial entre les États solidaires et les États isolationnistes, voire entre démocraties et régimes autoritaires. Entre les firmes privées qui veulent s'autonomiser et les firmes d'État qui ne portent que des intérêts souverains, il s'agit de créer une troisième catégorie d'entreprise : les firmes mondiales responsables qui s'engagent à l'égard de leurs clients, de leurs salariés, dans la recherche d'un ordre global qui fait de la durabilité un argument de préférence. C'est là que les outils dits de *purpose* ou de « raison d'être », associés à des critères d'engagement, ont leur intérêt car ils insèrent l'engagement sociétal dans les statuts et le rendent crédibles à travers des conventions ou contrats avec les parties prenantes qui établissent le lien manquant. Ce débat de finalité est devenu celui du business contemporain ; ses membres dirigeants doivent s'interroger sur le contexte systémique de leur activité, la vocation et la pérennité de leur firme.

Le moment est venu de passer du mythe trompeur de l'entreprise neutre politiquement au droit de l'entreprise engagée. Le temps critique et dangereux dans lequel nous sommes entrés appelle la communauté des affaires à quitter le jeu de poker géopolitique dans lequel elle navigue depuis deux siècles, sous forme d'une course à l'opportunisme, pour s'imposer comme une communauté économique responsable dans un jeu mondial dont elle est dépendante plus qu'elle ne le croit, ce que la crise liée au Covid-19 a démontré brutalement.

Face à cette prise de conscience d'un contexte dégradé et de ses tendances problématiques pour les populations pauvres, précaires et hors jeu, de l'état des comportements politiques du monde économique qui entretient le déni de responsabilité sur l'avenir du système, les dirigeants d'entreprise se doivent donc de favoriser clairement l'inflexion vers un modèle d'entreprise durable en s'appuyant sur la vision géopolitique nouvelle de l'Union européenne ; le « Green Deal » est une occasion appropriée qui répond à la mutation vitale de notre appareil productif pour toutes les raisons qui s'accumulent et que la société civile pousse désormais sans complaisance.

On entre dans une longue période où les enjeux collectifs vont prendre le pas sur de nombreuses décisions individuelles, comme l'ont démontré les confinements imposés lors de la pandémie. Les opinions ont consenti une atteinte aux libertés et une solidarité intergénérationnelle forcée pour un bénéfice de protection sanitaire. Nous n'imaginions pas dans le « monde d'avant » que ceci serait possible à une telle échelle. Et s'il fallait s'engager dans des comportements de sobriété par solidarité pour les pays en grand risque climatique, en ferions-nous autant ? En tout cas, c'est le débat qui va se poser rapidement pour accompagner des transformations de modèles de déplacement, de confort, d'alimentation, de divertissement, qui ne seront bientôt plus acceptés et acceptables de la même façon dans « un monde qui brûle ». Et dans ce scénario qui avance, porté par une bonne part des générations nouvelles, les entreprises pourront-elles s'exonérer de cette solidarité de destin ?

La messe est dite : l'idée d'entreprise ne peut plus en rester à un concours d'efficacité managériale, couronné par des chiffres de profit accumulés. Elle doit faire place à une construction organisationnelle en société, répondant à l'exigence de satisfaction de toutes ses parties et être capable de peser sur l'organisation systémique, allant jusqu'à sa solidarité consubstantielle avec les principes démocratiques pour y trouver un sens qui va bien au-delà de la distribution de richesses. Cette dernière se joue désormais sur les conditions durables de production et de répartition de la valeur apportée par le collectif entrepreneurial, en cohérence avec un ordre politique démocratique qui est notre seule finalité commune à ce stade de l'histoire humaine. L'économie responsable est le socle moderne de l'idéal démocratique, c'est bien à l'Union européenne d'en faire aussi son projet, car, pour l'instant, les autres régimes continentaux, en crise démocratique (l'Union européenne l'est aussi), ou autoritaires, ne seront pas les premiers à contraindre leurs entreprises de s'ouvrir à la société.

Notre modèle est face à une autre épreuve de vérité, notre relation à l'Afrique et au monde émergent. En attendant le retour de Londres à nos côtés

Si la pandémie récente a remis en selle les États et les mécanismes de solidarité aussi rapidement, en Europe en tout cas, c'est aussi parce qu'il préexiste un terrain critique à l'égard d'une mondialisation libérale que ne supportent plus les milieux populaires, soutiens actuels des partis autoritaires, après avoir été les soutiens sans frein des grandes marques de consommation, sans se soucier de savoir si elles détruisaient ou non leur emploi. Un système qui perd l'estime de ses bénéficiaires ne peut continuer sa progression. Si on faisait voter les citoyens du monde, comme le font les Suisses, pour savoir s'il faut ou non encadrer les multinationales, il est à parier qu'on aurait bien une moitié de votes favorables.

L'état de désaffection à l'égard du libre-échange ira probablement croissant car aucune organisation ne sait imposer des règles justes de concurrence internationale. Les grandes marques s'en plaindront mais elles peuvent ne s'en prendre qu'à elles-mêmes. Les grandes entreprises n'ont pas d'organisation collective sérieuse qui pousse à la régulation sérieuse des échanges ; elles ne connaissent que le chacun pour soi et sous-estiment les mouvements en profondeur qui font passer les sociétés civiles de l'espérance de progrès à la peur de la régression, ressorts du repli et de la chasse aux boucs émissaires. Trop attachées à maintenir des chiffres d'affaires et à tenir des rendements de 10 % ou plus, alors que la démographie du monde qui tend vers 10 milliards appelle à partager des ressources finies. Il faudrait se contenter de moitié moins de rendement net sur le capital investi pour permettre le renouvellement de notre potentiel naturel.

Le business chinois a choisi ses ports sur ses nouvelles routes de la soie qui servent à conforter l'autonomie de l'empire du Milieu. Les Américains ont leur système virtuel global pour écouler partout leurs produits et les services originaux qu'ils ont su rendre indispensables. Et l'Europe ? Elle doit d'abord se consacrer à favoriser les capacités de croissance de sa partie méditerranéenne et à l'Est, encore en retard, dès lors qu'il s'agit à terme de faire rentrer les Balkans et de créer des relations nouvelles avec les pays limitrophes de la Russie, condamnés à une longue période de neutralité stratégique. Mais son terrain d'action, ou plutôt son espace de vérité, est l'Afrique et l'Amérique latine dans une moindre mesure, c'est-à-dire la part pauvre du monde qu'elle a fait entrer malgré elle dans l'économie-monde.

L'Union européenne doit surtout se donner un cadre de co-développement avec l'Afrique qui ne mérite pas l'économie de comptoir qui y règne encore. Nous devons nous donner une vision d'investissement public-privé, faisant toute sa place au contrôle et au pilotage africain, en échange de règles de bonne gouvernance locale, fondées sur des contrats de long terme et une sincère neutralité politique. Il faut viser l'équilibre des intérêts et la transparence des situations, en jouant le jeu d'un moindre retour sur investissement, en contrepartie d'une croissance endogène saine et bien vécue qui profite aux générations nombreuses de jeunes Africains. L'Union européenne doit penser très au-delà des fameux accords d'échange préférentiels mis en place après la décolonisation et concevoir avec les autorités locales, en y associant les sociétés civiles, des contrats de transferts de savoir, où les entreprises européennes devront sécuriser les ressources et proposer des vrais partenariats. Elles doivent viser un développement africain autocentré qui s'émancipe du rapport de force pour chercher l'intérêt local africain par-dessus tout. Ce pacte stratégique est un saut civilisationnel à faire, dont l'économie n'est que l'un des moyens, pour réparer à la fois les mauvaises habitudes qui perdurent et offrir à l'Afrique la possibilité de faire entrer sans trop de soubresauts ses enfants actuels dans un cadre matériel et moral qui leur permettent de se donner un avenir. Chaque activité européenne a son rôle à y jouer et ceci ira de pair avec des politiques publiques complémentaires, d'éducation, de santé, de sécurité, etc. L'Afrique ne peut plus être vue simplement comme un espace de business, c'est bien le continent où se joue la contribution civilisationnelle de l'Europe pour s'aider à passer l'épreuve d'un XXIe siècle de tous les dangers.

Repositionnée sur son projet stratégique, pour se donner un modèle économique de référence, contractant avec l'Afrique une vision commune de développement humain, l'Union européenne sera plus forte pour rebâtir autour du tandem fraternel franco-allemand un accord de fonctionnement avec le cousin anglais, avec lequel les relations ne peuvent que redevenir normales, étroites et mêmes privilégiées. Le temps du Brexit sera une parenthèse dans notre histoire commune car il ne tiendra pas plus d'une décennie sous cette forme d'un divorce raté. Nous conserverons avec Londres une ligne stratégique militaire commune, dans le rapport aux autres puissances et le suivi de nos intérêts historiques ; nous serons plus des alliés que des concurrents dans la reconstruction du cadre commercial mondial et la mise en place des outils de régulation du monde, lorsqu'il faudra choisir son camp. Le Royaume-Uni a choisi de se draper dans son identité nationale pour longtemps encore mais il sait au fond de lui-même que le continent européen reste sa matrice naturelle, plus que le grand large. Europe et Royaume-Uni se retrouveront autour des grands choix à faire, mais encore faudra-t-il que Français et Allemands aient à cœur de ne pas rater leur rendez-vous stratégique et de faire converger inéluctablement leur approche commune sur tout, du siège des Nations unies à la fiscalité des entreprises, des armements à l'énergie décarbonée et qu'ils produisent une vision européenne cohérente systématiquement, répondant au désir de sérénité et de sécurité de leurs populations devenues sages et indéfectiblement ancrées dans une culture démocratique. L'Union européenne ne sera géopolitique que si c'est une géopolitique de l'espérance et non de la puissance, pour passer les défis du siècle : climat et biodiversité terrestre, développement africain et des émergents, régulation planétaire et soutien aux démocraties. Et nos entreprises devront être aux avant-postes de cette vision historique inédite, afin de nous assurer une prospérité juste et digne d'estime.

Épilogue
Lettre ouverte aux entrepreneurs de la génération nouvelle pour qu'ils portent le nouveau modèle économique européen qui sera un point d'ancrage démocratique dans un temps de ruptures, de « paix chaude » imprévisible et risquée

Mesdames, et nous vous espérons très nombreuses, et Messieurs les nouveaux présidents,

Ayez confiance dans vos choix, surtout s'ils diffèrent des nôtres. L'entrepreneur responsable est le chemin le plus court pour atteindre l'objectif d'une économie responsable qui sera le défi de votre génération.

Jusqu'ici, on a voulu croire que la loi nationale créerait seule l'économie responsable. Mais on a compris qu'il fallait passer par les mécanismes des accords d'échanges internationaux, vaste tâche qui oblige à se confronter aux « maîtres » de la mondialisation. Mais la génération qui monte aux manettes, la vôtre, nous dit qu'on peut faire de la responsabilité un système en choisissant bien ses espaces et ses modes d'action, autour d'une nouvelle idée de l'entreprise en société. Puissiez-vous avoir raison !

Le basculement se fera par le haut, les règles de l'économie mondiale, et par le bas, à travers vous, les nouveaux entrepreneurs, digitaux, sociaux, solidaires et starturpeurs qui partez de l'objectif utile à atteindre et non du seul gain escompté. Le mouvement s'installe solidement; il est devenu probablement irréversible. En affichant une nouvelle politique commerciale qui intègre les critères sociaux, environnementaux et de bonne gouvernance, l'Union européenne a tourné la page du néolibéralisme qui a fait le lit du dumping commercial que nous avons subi des décennies durant. Les derniers à prendre conscience de ce basculement en cours sont ceux qui font encore de l'entreprise un système de pouvoir et non un service collectif, qui veulent nous faire croire que le gaz est une énergie verte et se perdent dans des courses à la taille. Puissent-ils ne pas freiner l'extraordinaire réforme que l'Union européenne engage pour se doter d'un modèle entrepreneurial qui vise l'expression de ses valeurs politiques en plus du maintien de notre prospérité, indépendante.

Mais qu'est-ce qui fait qu'un mouvement cesse d'être minoritaire pour entraîner le reste autour de lui? C'est lorsqu'il incarne une espérance. Et qu'il génère plus d'envies que de conflits. Il en est ainsi devenu du mouvement entrepreneurial en société, qu'il s'agisse de l'entreprise sociale, des associations de services solidaires, des *techs for good*, des entreprises à mission, des entreprises moyennes de plus en plus nombreuses, impliquées dans la société et des entreprises familiales qui portent des projets bien plus motivants pour leurs acteurs que le simple profit qu'elles dégagent. Ces formes nouvelles d'engagement économique que vous promouvez caractérisent une société européenne en très profonde mutation de valeurs et de projets, travaillée par la préoccupation de l'utilité sociale et saturée de plans de rationalisation boursiers, devenue répulsive aux modèles féodaux de l'entreprise financière dont on ne sait pas pour qui et pourquoi elle agit, si ce n'est pour des pensionnés lointains et cyniques qui ne s'intéressent pas aux conditions de valorisation de leur épargne.

Vous le savez, il suffit de tendre l'oreille dans les campus au moment des amphis de recrutement pour recueillir la défiance des jeunes talents à l'égard de ces anciennes firmes à succès fonctionnant du haut en bas sur le contrat de mercenariat. Ce modèle, conçu et exalté dans l'intérêt omniscient du système de capitalisation des États-Unis, a besoin d'un rendement élevé des fonds qui font la course pour savoir qui obtiendra le plus de leurs placements. Mais il impose aux salariés et aux contribuables une pression qu'ils acceptent de moins en moins, d'autant qu'elle ne coïncide plus avec le mode de vie espéré, partagé entre un travail motivant et du temps personnel, que l'entreprise plate-forme ou assembleuse autorise peu. Et la pression des enjeux planétaires rend de moins en moins acceptable une marque qui ne contribuerait pas significativement à la solution, nouvelle frontière de la licence d'opérer. Les femmes jouent un rôle considérable dans cette mutation des esprits car elles recherchent clairement la bienveillance et l'épanouissement créatif, plus que la sélection par la testostérone. Soyez-en remerciées, Mesdames : le durable est bien une valeur féminine pour des temps de coopération qui cherchent à l'emporter sur les temps de compétition, lesquels sont devenus inappropriés à l'investissement crucial à faire dans « les communs ». La pandémie nous a appris qu'on avait trop sous-financé les investissements de santé publique qui ne sont pas une dépense mais une assurance collective ! Notre génération cherche à faire perdurer les Trente Glorieuses et vous laisse accomplir les ruptures que nous n'osons pas engager.

La dynamique culturelle que vous portez ne va pas cesser de s'amplifier car elle repose sur des fondamentaux sociologiques qui sont à l'œuvre ; seuls les dirigeants des grandes firmes en place, leurs administrateurs, à l'abri dans un confort à part, ne ressentent pas l'accélération de ce glissement de valeurs, trop attachés qu'ils sont encore au modèle masculin combattant qui sert de mythe valorisant pour tous les accros de la valeur en Bourse. La dernière bataille boursière, Veolia contre Suez, n'a-t-elle pas été conduite dans cette logique ancienne du rapport de force qui ne facilite en rien l'adhésion des parties prenantes à un projet ambitieux qu'il eut mieux valu négocier avant… Et qu'on ne dise pas qu'une vision commune de développement durable n'aurait jamais pu voir le jour autrement, ou alors il faut désespérer de toute construction politique d'un autre modèle économique et il ne sert à rien d'afficher des missions et des intentions responsables. Restons-en à la loi du plus malin et du plus fort, continuons comme avant, comme si de rien n'était.

Grâce à vous, les nouveaux entrepreneurs, les entreprises vont apprendre à mettre leurs règles de fonctionnement et de gouvernance en cohérence avec le projet qu'elles portent pour se réapproprier les clés d'une destinée dont les dispositions financières alambiquées et les aléas d'une histoire industrielle chaotique les avaient privées. Certaines se réformeront probablement pour entrer dans le monde durable qui vient, tandis que d'autres péricliteront ou seront absorbées au détour de crises de succession ou de technologies, d'accidents sociaux ou par la lassitude de leurs actionnaires qui iront voir ailleurs, comme c'est le cas dans les énergies fossiles aujourd'hui.

Nous savons que cela prendra encore une génération pour recomposer un tissu industriel qui ne pourra être que

« décarboné, digitalisé et décentralisé », pour reprendre la trilogie gagnante proposée par Isabelle Kocher lorsqu'elle dirigeait Engie.

En attendant, il y a encore de beaux bénéfices à prendre dans la transition mais la fin est programmée de ces multinationales cupides qui ont incarné un temps béni de la croissance mondiale, totalement irresponsables collectivement, abritées derrière un véritable apport au progrès technique et matériel, ne se posant aucune question sur la marche de la société civile sur laquelle elles ont pris le pouvoir. L'avenir est à un autre type de modèle qui peut répondre à trois problématiques majeures d'acceptation sociétale, telles que les jeunes Européens comme vous l'expriment. Il y a la question de la taille des groupes, s'agissant de la part de marché socialement acceptable dans une zone économique donnée ; il y a aussi la question de la transparence effective d'une entreprise concernant ses modes de production, mais aussi de gestion des données, de juste partage de la valeur, de l'intégrité de l'information délivrée et des relations avec les acteurs publics ; et il y a, enfin, la question majeure de la contribution au commun, à mesurer objectivement et à assumer localement, en termes de retour pour le territoire, incluant des comportements de respect des droits et des valeurs communes que nous continuerons d'affirmer chez nous.

Or, nous avons une différence philosophique fondamentale avec l'Amérique à ce sujet : les États-Unis reportent sur le mécénat volontaire des entrepreneurs à succès la justification d'un contrôle des firmes qui reste faible *a priori* ; nous, Européens, considérons que l'enjeu public de l'entreprise se joue sur toute la chaîne de valeur, redistribution du résultat compris, et que le profit n'est pas une fin en soi mais le résultat positif qu'autorise une gestion efficace et responsable. Pour ne pas parler de l'abîme de valeurs qui nous sépare de la Chine dont nous ignorons la façon dont elle voudra gouverner son modèle économique dans vingt ou trente ans, en fonction de l'évolution de son propre modèle politique.

Pour les nouveaux entrepreneurs en société, le profit légitime (*fair profit*) est celui qui a réglé tous ses dus à la société dans laquelle on peut continuer de prospérer, pour s'améliorer durablement. C'est vers cela qu'il faut tendre progressivement, au fur et à mesure que l'on quitte, sous la pression des coûts communs, ce cycle qui a fait les beaux jours des acteurs les plus puissants ou les plus convaincants. L'Histoire dira combien la corruption et les services rendus et surtout les consanguinités sociologiques ont pesé de leur poids dans des démocraties très imparfaites en faveur d'une sélection économique darwinienne qui ne doit rien au hasard. Il est intéressant de se rappeler que ce sont les pays développés qui se sont dotés à travers l'OCDE d'un outil correctif chargé d'apprendre à être plus efficace et intègre à la fois, avec plus de croissance et d'utilité collective en même temps, considérant que l'économie de marché ne fait pas cela par elle-même. Qui ne voit que sous les fondations des gratte-ciel le terrain bouge, dès lors que les talents ne veulent plus aller travailler dans le pétrole ou le nucléaire, qu'ils n'assument pas les coups tordus d'Amazon ou d'Uber et qu'ils sont capables de challenger les positions en place par des innovations qui rattrapent en une décennie des groupes centenaires à bout de souffle.

Avec vous, il se met en place une génération de « disrupteurs » qui font basculer des millions de clients vers des offres ayant une valeur sociale plus intéressante et s'inscrivant dans un développement systémique plus collectif. Tant pis pour ceux qui restent dans le déni culturel et qui se refusent à penser que leurs enfants opteront pour la sobriété quotidienne, qu'ils ne sauteront pas comme eux d'un avion à l'autre et qu'ils ne supportent plus ces paysages de carte postale où les arbres dépérissent et les fleurs sont importées ! Vous allez donner tort à tous ceux qui restent dans le déni scientifique, qui ne calculent pas les trajectoires du réchauffement climatique, les pénuries de ressources, les consommations de matière et les externalités produites par unités mises en marché. Ceux qui ne se demandent pas si transporter de plus en plus d'eau des Alpes en Californie et à Hong Kong dans des bouteilles qui finissent pour moitié à la mer et qui coûtent tellement plus cher que la source voisine est une prouesse du génie humain, de la solidarité avec les zones sèches ou de la cupidité qui se pare d'un bénéfice de santé et de confort.

Vous bénéficiez d'une chance inattendue : la sphère financière glisse beaucoup plus vite que prévu vers des investissements durables ; la réglementation actuelle européenne accélère son mouvement (voir la taxinomie verte), sachant qu'elle y trouve une meilleure gestion de ses risques. Le temps n'est pas loin où les consommateurs et les épargnants forceront les offres à évoluer clairement quand ce ne seront pas les juges et les gouvernements, au nom de la santé, de la justice aussi, qui feront que nos principes l'emporteront sur nos habitudes. La révolution durable, alliant au nom d'une nouvelle conception du progrès les trois dimensions sociale, environnementale et sociétale, se fera en une génération, la vôtre, et non pas en trois, comme veulent le croire les décideurs en place. Les entreprises aux produits inutiles, polluants, toxiques, limités, sans apport social et agissant dans des conditions répréhensibles au nom de nos valeurs et du droit construit, se trouveront de plus en plus en situation d'exclusion, incapables de se financer, à très courte échéance. Depuis dix ans, n'est-ce pas les ONG et les associations, voire des individus militants isolés, qui font les agendas publics ? Ils sont relayés par les réseaux et ils animent les démocraties. C'est pourquoi la dynamique durable est irrépressible, tant les pressions physiques, sociales, culturelles sont devenues insupportables pour la majorité des jeunes citoyens, laquelle ne cessera de confier ses votes aux porteurs sincères de cette libération salutaire d'un ordre qui vous apparaît désormais comme destructeur, inhumain et injuste.

C'est pourquoi le projet européen a besoin de grandes entreprises européennes qui incarnent pleinement ces aspirations fortes. La chance de l'Europe, si elle parvient à s'émanciper vite de la pression politique, culturelle et financière de ses prêteurs, américains pour l'essentiel, est de pouvoir faire muter ses grandes entreprises dans le sens durable. Elle peut s'appuyer sur un tissu économique local, familial, social, coopératif, qui ne demande qu'à basculer en faveur d'une vie économe en ressources, respectueuse du bien commun et capable de partager les biens au sein d'une société qui ne fait pas de la compétition ou du contrôle la première relation au citoyen. Nous sommes exactement à la charnière de cette émancipation, pressés certes par les défis physiques du monde, aidés par une disqualification du modèle américain qui est tombé dans l'impérialisme économique dans de nombreux cas.

Vous vivrez ce rendez-vous inimaginable, pour la première fois de notre histoire européenne, de la convergence des grands pays de l'Union européenne vers un modèle à nous qui peut répondre à l'aspiration d'une population qui cherche sa propre voie. Il suffit de voir la proportion de femmes et de jeunes dans les activités dites durables pour comprendre que l'Europe a choisi ce modèle dans lequel elle veut vivre, sachant bien où elle ne veut plus vivre. Les chefs d'entreprise aux manettes seront-ils les derniers à en tirer les conséquences ? Beaucoup d'entre eux se moquent des « raisons d'être » ou des schémas de « mission » adoptés par certains, et font tout pour retarder la mise en place d'un prix du carbone ou d'une transparence fiscale, pour parler aux ONG et discuter du partage de la valeur, tabou des tabous dans un conseil. Ils perdent du temps car l'horloge est remontée. Un autre modèle durable est en gestation dans des entreprises performantes qui ne s'embarrassent pas d'autorisations ou de l'absence de lois. Les discussions en cours à Bruxelles, allant des enjeux de la gouvernance durable à ceux de l'économie circulaire, de la vigilance dans la chaîne de valeur à la question de la transparence extra-financière, sans parler de l'agenda finance durable très ambitieux et controversé, vont faire basculer le modèle libéral ancien vers un modèle durable progressif qui donnera, espérons-le, au statut d'entreprise européenne, une architecture de pilotage exemplaire. Ce pourrait être la première au monde à faire de la contribution au développement durable, social, environnemental et sociétal, une dimension du consensus démocratique qui quitte celui de l'économie de marché pour l'économie de marché. L'avènement de ce modèle nouveau d'entreprise est un défi pour la démocratie européenne car il traduit ses valeurs dans le champ de la vie économique et bien au-delà, dans notre rapport au progrès, à la nature, aux autres et au bien commun. Dans dix ans, quand vous serez aux affaires, ce modèle sera banal, même s'il lui faudra encore des années pour atteindre un seuil de bonnes pratiques généralisées. Tout dépendra de notre courage à imposer ce cadre d'ici là à tous les opérateurs en Europe, d'où qu'ils viennent, dès lors qu'ils exercent leur activité dans notre espace de souveraineté commerciale, s'appliquant à l'ensemble de leurs pratiques dans le monde. Le modèle d'entreprise durable européen que vous aurez à gérer aura des caractéristiques très différentes de sa matrice américaine historique, notamment à travers son mode de financement, plus fidèle, bien identifié, partageant le pacte actionnarial dans sa globalité et pas seulement en termes de rendement. Le pacte actionnarial va se déplacer d'une exigence de rendement maximal vers une prise de risque à moyen terme sur une contribution élargie établie entre les grandes parties prenantes. La performance aura cédé une partie de son attractivité à la résilience dans un temps long, plus compatible avec le bon usage de l'épargne en faveur des générations actives et à venir.

Il ne vous faudra pas rater cette autre caractéristique du modèle durable européen qui est le contrat de l'entreprise avec ses parties prenantes comme mode de relation capable d'apporter la résilience qu'on recherche et le temps dont on a besoin pour réussir. Il s'agit de poser des stratégies sur cinq à dix ans, révisables, engageantes. Cela vaut d'abord avec les salariés, en se donnant à travers les partenaires sociaux des contrats de progrès sur tous les plans ; cela vaut aussi avec les associations civiles qui suivent l'entreprise en négociant des engagements de progrès sociétal contre des démarches qui permettent à son projet de se poursuivre sans nuire à personne ; cela vaut aussi tout particulièrement dans la relation aux pouvoirs publics, nationaux et locaux, afin de donner aux entreprises des marges de manœuvre particulières pour évoluer et bénéficier enfin de conditions fiscales négociées.

On vit aujourd'hui avec une fiscalité d'entreprise dont on se demande si elle est une imposture ou un poker moteur sur le plan mondial, tant elle est mal appliquée et évolue dans des conditions les moins justes qui soient. La perspective d'un cadre mondial de fiscalité sur les revenus des entreprises, proposé par les États-Unis ouvre la possibilité de négocier des variantes pays par pays en fonction des contributions sociétales des entreprises là où elles exercent vraiment une activité. L'Union européenne s'honorerait à être la première zone à corréler l'impôt avec la contribution de l'entreprise au territoire.

Soyez plus que jamais à l'écoute des initiatives disruptives et audacieuses qui sont en train de faire basculer le désir de vivre ensemble dans un référentiel moins matérialiste et mercantile ; ces démarches dérangeantes, de Negawatt aux Fermes d'avenir, de Microdon à La Ruche qui dit oui, foisonnent aujourd'hui, ancrées dans la *tech for good* et mobilisent des parties de plus en plus déterminantes de la société européenne. Demain est aujourd'hui : cette dynamique sociologique, décrite par Gilles Vermot Desroches dans *Le Printemps des Millenials*[1] est bien le foisonnement créatif et courageux qui nous fait espérer que nous pouvons échapper au catastrophisme des uns, comme à l'égoïsme des autres.

Les États ont montré pendant la pandémie qu'on pouvait peser sur les comportements collectifs, de façon plus ou moins démocratique ; les entreprises doivent démontrer qu'elles peuvent, elles aussi, aborder les rivages d'une stratégie durable en choisissant le camp de la démocratie et en œuvrant pour des méthodes qui font avancer le contrat social.

1. Gilles Vermot Desroches, *Le Printemps des Millenials*, Paris, Débats publics, 2018.

Mais il y a encore un chaînon manquant à cette transformation : celui du rêve qu'on projette, du modèle qu'on enseigne, du projet qu'on maîtrise, à travers la formation des acteurs et la consécration d'une autre réussite dans nos schémas culturels. Depuis les Trente Glorieuses, on célèbre les plus belles performances d'entreprise parmi celles qui ont le plus gros chiffre d'affaires, le plus d'employés, le profit le plus élevé aussi et qui font les acquisitions les plus inattendues. Ce spectacle économique a formaté une scénarisation de la performance pour la performance qui s'inscrit dans une course à la puissance, valeur des Trente Glorieuses. On s'est pris au jeu, en entrant dans un engrenage qui confond l'entreprise et l'armée, les ouvriers et les troupes, l'économie et la guerre. D'un contresens on est passé à une déviation perverse qui s'est installée en épopée collective, célébrée par Hollywood, les héros étant les plus gros revenus et la fortune privée le Graal qui justifie tout. La fonction sociale de l'entreprise a été déléguée aux critiques de l'anti-capitalisme dont c'est le métier et quand le vase déborde, on lâche les mauvais et on trouve de nouveaux sauveurs. Mais le résultat est amer !

Chers nouveaux entrepreneurs conscients de toutes ces évolutions, il vous faut désormais répondre à l'interpellation de base : à quoi sert l'entreprise, à qui, que valent ses produits, ses innovations, quelle est la portée de son projet pour la collectivité ? Ces questions majeures remontent à la surface au détour de scandales mais les réponses ne figurent jamais dans les commentaires économiques et encore moins dans les palmarès et les classements des médias. Nous avons accordé un statut autonome à l'entreprise comme une organisation qui se justifie en soi alors qu'elle ne vaut que par ses œuvres et son rapport à la société, c'est-à-dire le bon usage des ressources qu'elle emprunte, les hommes, l'argent, la connaissance, le territoire. N'hésitez pas à vous saisir des nouveaux outils extra-financiers pour installer cette lecture élargie des résultats, solde des impacts négatifs et des apports positifs, et dépasser la seule lecture patrimoniale du rendement du capital investi, dont le fondateur de Harvard disait qu'il devait être seulement « *a just and decent profit* ». Signe précurseur encourageant, la Haute autorité sur la bonne gouvernance (Afep-Medef) a publié, dans son dernier rapport, une réprimande concernant l'absence trop répandue de critères de rémunération liés aux performances environnementales dans nombre d'entreprises, après avoir posé la responsabilité comme un point de passage. La fameuse *business roundtable* américaine a posé ce changement de discours il y a peu mais sans en tirer aucune conséquence institutionnelle. Reste à remettre la recherche de la prospérité pour le plus grand nombre, dans des conditions « durables » à la place de chiffres simplistes sur l'efficacité de l'argent investi comme seul tableau de bord opérationnel l'entreprise et à en tirer les conséquences publiques.

L'aventure de l'entreprise est l'une des plus belles qui soit au titre de l'émancipation humaine pour échapper à la misère et à l'insécurité matérielle ; elle permet aussi de trouver un épanouissement créatif dans l'organisation collective. Nous voudrions vous recommander trois chemins pour animer cette projection d'une entreprise utile dans l'imaginaire européen et dans nos cadres institutionnels communs.

La première direction renvoie aux enseignants leur pleine responsabilité. Ils ne doivent pas se contenter d'apprendre les règles de l'efficacité managériale mais ils doivent dire d'abord ce que doit être le projet d'entreprise en société, la maîtrise des impacts, sociaux, environnementaux, sociétaux et pourquoi la lutte contre la corruption, la réduction des externalités, la satisfaction des salariés, leur employabilité, le dialogue public responsable sont aussi essentiels pour réussir en entreprise que l'optimisation du *cash-flow* prévisionnel, le ROE (Return on Equity) des investissements et la progression de la valeur actionnariale, calculée de façon élargie bien entendu… Les *business schools* sont très en retard dans cette actualisation des valeurs, qu'elle traite de façon descriptive sans avoir sauté le pas du renouvellement de leur propre mission sociétale à laquelle elles réfléchissent insuffisamment.

La deuxième direction passe par une initiative qui pourrait réunir les philanthropes, les organisations internationales et les Nations unies. Il s'agit d'offrir un réceptacle organisé aux résultats financiers des entreprises les plus efficaces lorsqu'ils dépassent le juste profit et le partage raisonné de la valeur ; une fondation pour l'humanité pourrait collecter ces dépassements et les affecter au service du développement durable de la planète, tout en conférant aux donateurs un label de contributeur légitime au bien commun. Cette initiative présente l'intérêt de sortir vraiment les démarches de mécénat, fort utiles, des marchandages locaux inévitables et des affectations intéressées, pour affirmer qu'au-delà d'un juste profit l'entreprise doit servir la collectivité tout entière.

La troisième direction est de fonder la relation entre l'entreprise et la société sur le contrat avec les États et les parties prenantes autour d'objectifs de progrès durables qui structurent à la fois la stratégie, les choix d'offre et de processus et le résultat global affiché, pour attirer les talents et les investisseurs responsables.

Nous mettons à votre disposition ce projet d'économie responsable auquel l'Union européenne doit s'atteler à définir les bases, les outils, les modes de contrôle et la mise en valeur, au cœur même de son projet politique[1]. En proposant un cadre volontaire d'engagement durable aux entreprises qui veulent bien accrocher leur mission à celle de la société européenne, on créera une dynamique d'exemplarité ; on fera l'expérimentation d'un dispositif juridique et fiscal qui pourrait faire son chemin. De fait, il n'y a d'entreprise responsable que dans le cadre d'une économie responsable qui fixe à tous le périmètre des objectifs collectifs et favorise les modalités pour les atteindre. En installant un autre ordre de considération du succès de l'entreprise, au titre de l'intérêt public, on confirmera la prééminence de l'initiative privée dans la création économique et on l'intégrera dans un cadre consensuel fondé sur des critères communs, discutés et suivis.

L'économie sociale de marché responsable est l'avenir de l'économie de marché et la philosophie politique que l'Europe doit retrouver et affirmer en liant l'ordre économique et l'ordre démocratique de façon indissociable. Elle n'a pas d'autorisation à demander pour cela ; elle ne peut que retourner en sa faveur une mondialisation qui lui échappe et dont elle doit dire comment la refonder pour associer à sa prospérité celle des émergents qui n'attendent que d'elle une vision universelle aujourd'hui abandonnée. C'est désormais la tâche des nouveaux entrepreneurs que de rendre possible cette vision civilisationnelle de l'entreprise qui nous est propre et qui reste à installer au cœur de nos sociétés comme la meilleure réponse aux risques de notre temps. Nous avons enfoncé les portes, averti de la montée des vents et des orages. Mais c'est maintenant à vous de construire la planète viable et désirable du temps qui vient

1. Voir rapport de la communauté MR21 des managers responsables pour une « *planet benefit corporation* ».

où se poursuivra une aventure humaine qui a tant de mal à tirer les enseignements de toutes ses expériences tragiques. Pour que par-dessus tout l'emporte un rapport aux autres, au monde, à la nature, à toutes nos cultures collectives, digne de la plus haute idée de l'homme dont chacun de nous est dépositaire. L'Europe, où s'est inventé l'humanisme comme valeur suprême, a le devoir impérieux de réussir un projet qui met la société au-dessus du marché, l'entreprise au-dessus des Bourses et l'homme au-dessus de tout. Nous vous passons le flambeau.

Table des matières

Retrouvez notre catalogue sur
www.editionsdelaube.com

La Clairière des LIVRES

*Pour chaque titre d'un livre imprimé,
un arbre est planté dans une forêt
de 15 hectares en Centre Bretagne.*

www.typolibris.fr (by Printcorp)

Pour limiter l'empreinte environnementale de leurs livres,
les éditions de l'Aube font le choix de papiers
issus de forêts durablement gérées et de sources contrôlées.

Achevé d'imprimer en juillet 2021
sur les presses de l'imprimerie Printcorp
pour le compte des éditions de l'Aube
331, rue Amédée-Giniès, F-84240 La Tour d'Aigues

Numéro d'édition : 4452
Dépôt légal : août 2021
Numéro d'impression : 21060640

Imprimé dans l'Union européenne